公众对中国广告产业发展的影响研究

陈刚　主编
沈清　著

北京大学出版社
PEKING UNIVERSITY PRESS

图书在版编目(CIP)数据

公众对中国广告产业发展的影响研究 / 陈刚主编；沈清著 . — 北京：北京大学出版社，2023.7
（北京大学广告学丛书）
ISBN 978-7-301-34036-3

Ⅰ.①公… Ⅱ.①陈… ②沈… Ⅲ.①广告业 – 产业发展 – 研究 – 中国 Ⅳ.① F713.8

中国国家版本馆 CIP 数据核字 (2023) 第 101262 号

书　　　名	公众对中国广告产业发展的影响研究 GONGZHONG DUI ZHONGGUO GUANGGAO CHANYE FAZHAN DE YINGXIANG YANJIU
著作责任者	陈刚　主编　沈清　著
责 任 编 辑	李书雅
标 准 书 号	ISBN 978-7-301-34036-3
出 版 发 行	北京大学出版社
地　　　址	北京市海淀区成府路205号　100871
网　　　址	http://www.pup.cn　新浪微博：@北京大学出版社 @阅读培文
电 子 信 箱	pkupw@qq.com
电　　　话	邮购部 010-62752015　发行部 010-62750672　编辑部 010-62750112
印 　刷　 者	天津光之彩印刷有限公司
经 销 者	新华书店
	660 毫米 × 960 毫米　16 开本　11.25 印张　130 千字 2023 年 7 月第 1 版　2023 年 7 月第 1 次印刷
定　　　价	45.00元

未经许可，不得以任何方式复制或抄袭本书之部分或全部内容。
版权所有，侵权必究
举报电话：010-62752024　电子信箱：fd@pup.pku.edu.cn
图书如有印装质量问题，请与出版部联系，电话：010-62756370

目录

第一章　绪论 …………………………………………………………… 001

　第一节　广告产业及其特点 ……… 001
　　一、什么是广告 / 001
　　二、谁是广告产业的主体 / 002
　　三、广告产业的特点 / 004

　第二节　关于"人"的研究——广告产业研究一个重要方面 ……… 005
　　一、为什么"人"很重要 / 005
　　二、概念选择的标准 / 005

　第三节　为什么是"公众" ……… 007
　第四节　研究问题和相关说明 ……… 009
　　一、前人研究了什么 / 009
　　二、本书要研究什么 / 012
　　三、本书中的"外生性"与"内生性"指的是什么 / 012
　　　（一）其他学科的观点 / 012
　　　（二）本文的观点 / 015

第二章　公众的发展历程及其作用 …………………………………… 017

第一节　西方公众的发展历程、形成条件及作用 …… 018

一、发展历程 / 018

（一）奴隶制时期 / 018

（二）封建领主制时期 / 019

（三）资本主义早期 / 019

（四）市民阶级、公众、资产阶级、私人都是谁 / 022

（五）作为斗争工具的公众舆论 / 023

（六）资本主义精英阶层统治期 / 025

二、公众的形成条件 / 027

（一）私有财产 / 027

（二）受教育权利 / 028

（三）政治斗争通道 / 029

（四）信息传播通道 / 031

（五）四个形成条件的关系 / 032

三、西方公众的作用 / 034

第二节　中国社会公众的发展历程、形成条件及作用 …… 035

一、中国古代社会"类公众"群体的发展——夏朝至清朝 / 035

（一）夏、商、周、春秋战国——亦师亦友 / 036

（二）秦至宋末——居"臣"位而共管 / 037

（三）元至清末——以"奴"之名行"治"之实 / 039

二、辛亥革命至新中国成立前——西式公众的仿效尝试 / 040

（一）仿效的条件 / 040

（二）仿效失败的原因 / 041

三、新中国成立至改革开放前 / 043

四、改革开放后至党的十八大前 / 043

（一）私有财产：从批判到保护 / 043

　　　　（二）受教育权利：普遍化的优势 / 044
　　　　（三）政治参与通道：平稳且多元 / 045
　　　　（四）信息传播通道：国家与公众共赢 / 045
　　五、党的十八大以来 / 048

第三节　当代中国公众的构成条件、作用及对应权利的关系 …… 050
　　一、经济权利 / 050
　　二、政治参与权利 / 051
　　三、信息传播权利 / 051
　　四、逐利性作用与约束性作用 / 051

第三章　公众外生性作用及对广告产业的影响 ………………… 053

第一节　利润分红方式下的公众作用 …… 054
　　一、资本增值如何实现 / 054
　　二、公众身份和作用类型 / 055
　　　　（一）直接即时约束性作用 / 055
　　　　（二）间接即时约束性作用 / 055

第二节　非公开股权交易方式下的公众作用 …… 056
　　一、资本增值如何实现 / 057
　　二、公众身份和作用类型 / 057
　　　　（一）即时约束性作用 / 057
　　　　（二）滞后约束性作用 / 058

第三节　公开股权交易市场 …… 059
　　一、资本增值如何实现 / 059
　　二、公众身份和作用类型 / 059
　　　　（一）更多重的身份 / 059

　　　　（二）逐利性 / 059
　　三、资本与企业所有者 / 062
　　　　（一）更为现实的操作 / 062
　　　　（二）企业所有者如何实现资本增值 / 062

第四节　广告产业中公众与资本的关系及其外生性影响 …… 064
　　一、公众与资本的关系 / 064
　　　　（一）资本、公众相继主导广告产业发展的原因 / 064
　　　　（二）公众对资本作用类型的分类 / 066
　　二、广告产业中公众外生性影响的分析 / 066

第四章　公众内生性作用及对广告产业的影响 …………………… 071

第一节　新信息传播环境的产生 …… 071
　　一、从香农谈起 / 072
　　　　（一）一直很重要的"信息" / 072
　　　　（二）信息的可测量性 / 074
　　　　（三）信息的实体性与商品化 / 075
　　二、数字化带来的变化 / 076
　　　　（一）更快、更强、更好用 / 076
　　　　（二）什么是数字化 / 077
　　　　（三）公众逐利：信息以人为本 / 078
　　　　（四）重要的信息可用性 / 079
　　三、新信息传播环境的产生 / 080
　　　　（一）信息收集和分析的改变 / 080
　　　　（二）信息使用的改变 / 083
　　　　（三）信息生产的改变 / 084
　　　　（四）信息的动态循环 / 085

四、公众与新信息传播环境的关系 / 085
    （一）作为信息提供者的公众 / 086
    （二）作为信息使用者的公众 / 086
    （三）作为信息生产者的公众 / 088
    （四）公众身份的动态关系 / 088

第二节　新信息传播环境下广告主的变化与发展
　　　　——服务代工与品牌重塑 …… 090

一、服务生产权利的转移 / 090
    （一）好坏难判的公众需求 / 090
    （二）人机共用的信息监测 / 091

二、作为服务代工厂的广告主 / 093
    （一）为了自身利益的反思 / 093
    （二）新需求与新生产方式 / 093
    （三）普罗大众的个性化生产 / 095

三、作为品牌重塑执行者的广告主 / 096
    （一）体验性的品牌 / 096
    （二）与己相关性、议题广泛性、临时性、即时性和非理性 / 098

四、公众内生性影响对广告主发展的影响 / 100
    （一）全面的介入 / 100
    （二）前置约束性作用 / 100

第三节　新信息传播环境下广告公司的变化与发展
　　　　——创意驱动 …… 101

一、边缘化的广告公司 / 101
    （一）曾经的核心 / 101
    （二）不适应时代的信息能力 / 103

二、不可运算的创意 / 105
    （一）可运算的信息生产 / 105

（二）不可运算的信息生产 / 106

　三、避免技术垄断论和信息决定论 / 109

　　（一）技术垄断还是技术助人 / 109

　　（二）信息决定还是信息使用 / 111

　四、广告公司的其他作用——策展人、挡箭牌和税务员 / 112

　五、公众内生性影响对广告公司发展的影响 / 113

第四节　新信息传播环境下广告媒体的变化
　　　　——从广告媒体到信息平台 …… 113

　一、从一家独大到多面迎敌 / 113

　　（一）来自公众的挑战 / 114

　　（二）来自广告主的冲击 / 115

　　（三）来自信息平台的竞争 / 116

　　（四）传统广告媒体定位的再明确 / 116

　二、信息服务的种类：过滤、搜索、审核、管理 / 117

　　（一）信息过滤与搜索 / 118

　　（二）信息审核和管理 / 120

　　（三）被替代的必然 / 122

　三、从信息聚合到信息平台聚合 / 123

　　（一）信息聚合与"一站式服务"需求 / 123

　　（二）信息边界和资本推动 / 124

　　（三）渔翁得利 / 125

　四、公众内生性影响对信息平台发展的影响 / 126

第五章　私有化信息垄断对公众的影响 ………………………… 127

第一节　拆墙与融合 …… 127

　一、打破围墙 / 128

　二、私有化信息平台主导的广告产业融合 / 129

（一）效率优先 / 129
　　　（二）逐步替代 / 129
　　　（三）双重依赖 / 131

第二节　信息垄断的危害 …… 132
　一、作为经营者的私有化信息平台及其危害 / 133
　　　（一）店大欺客 / 134
　　　（二）刺激过度消费 / 134
　　　（三）挟公众需求以令广告主 / 135
　　　（四）变本加厉的二次售卖 / 135
　二、作为资本代表的私有化信息平台及其危害 / 136
　　　（一）减损社会总体福利 / 136
　　　（二）压榨员工和内容生产者 / 137
　　　（三）损害女性及特殊群体利益 / 138
　　　（四）误导公众认知 / 139
　三、作为国家安全工具的信息平台及其危害 / 140
　　　（一）影响国家安全 / 140
　　　（二）影响意识形态安全 / 141
　四、作为私有化信息平台所有者的个人及其危害 / 141
　五、作为生态重要参与者的私有化信息平台及其危害 / 142

第六章　公众反制和对广告产业的影响 …… 145

第一节　公众外生性影响的反制方式及其对广告产业的影响 …… 145
　一、直接即时约束性作用：减少对单一平台的依赖 / 145
　二、间接约束性作用＋滞后约束性作用：法律法规的完善 / 147
　三、个人资本逐利性作用：象征性的约束与收益 / 149
　四、行业协会：私有化信息平台的自我约束与利益协调 / 150

第二节　公众内生性影响的反制方式及其对广告产业的影响 …… 151
　　一、生产性作用+前置约束性作用：
　　　　　受限的能力与公共信息平台的平衡 / 151
　　　　（一）另起炉灶 / 152
　　　　（二）破镜重圆 / 152
　　二、集体资本逐利性作用：公众所有制的信息平台 / 153
　　　　（一）国家即平台 / 153
　　　　（二）公众即资本 / 154

第三节　公众外生性影响与内生性影响的关系 …… 155

第七章　结论与思考 …… 157

第一节　结论 …… 157
第二节　思考 …… 161
　　一、狭隘的信息过滤器 / 161
　　二、脆弱的线上盛世 / 162
　　三、什么是新时代中国特色广告产业 / 162
　　　　（一）把握中国国情，在新发展阶段实现高质量发展 / 163
　　　　（二）立足中华文明，从中国优秀文化中寻找源头活水 / 164
　　　　（三）彰显中国精神，以弘扬时代新风实现社会效益
　　　　　　与经济效益相统一 / 164
　　　　（四）联通中外市场，在国内国际双循环中做强做大 / 165
　　　　（五）构建中国话语，为世界广告产业发展贡献中国智慧 / 166

第一章 绪论

第一节 广告产业及其特点

一、什么是广告

广告是人们日常生活中广泛接触的一种信息传播形式,可以说一个人从早上起床直到晚上睡觉,都离不开广告。然而,现代意义上的广告,出现时间却并不久远,直到"1645年1月15日,*The Weekly Account*杂志第一次开辟了广告专栏,登出了广告……该杂志首次在表述'广告'这个意思的时候使用了'Advertisement'一词"[1]。

关于广告的定义,不同学者从不同角度做了大量尝试,其中,1948年美国营销协会给出的定义被广泛认可,即广告"是由可确认的广告主,对其观念、商品或服务所做之任何方式付款的非人员式的陈

---

[1] 丁俊杰、康瑾:《现代广告通论》(第2版),中国传媒大学出版社,2007,第30页。

述与推广"[1]。由这个定义可以看出,广告主是最重要主体之一,提供了广告资金。而"非人员式"几个字,首先点明了现代意义上广告不是人际传播,而是大众传播;其次点明了广告是由组织而不是个人所开展的。具体而言,这些组织可分为两大类,一类是广告服务/代理公司,另一类是广告媒体。因此,广告活动的主体包括"广告主、广告代理公司、广告媒体"[2]。

二、谁是广告产业的主体

广告还是一门有利可图的生意,也就是说,广告是一种商业行为,广告主体从事广告活动是为了获得收入,赚取利润。从这个意义上来说,广告这一信息传播形式构成了一个产业,广告产业"是为各类广告主提供广告产品为主要类型的营销传播服务的产业"[3]。

关于谁是广告产业的主体,主要有以下两种观点:第一,认为广告产业的主体是广告公司和广告媒体,如陈刚认为"广告媒体和各类广告服务企业是广告产业的主体"[4],廖秉宜提出"广告产业的主体是广告公司和广告媒体,其中又以广告公司为主导"[5],丁汉青也认为"广告主不应被纳入广告产业"[6];第二,认为广告产业的主体应该包括广告主,如范登·伯格和卡兹认为广告产业包括"广告客户、广告代

---

[1] 陈刚、潘洪亮:《重新定义广告——数字传播时代的广告定义研究》,《新闻与写作》2016年第4期。
[2] 丁俊杰、康瑾:《现代广告通论》(第2版),第108页。
[3] 陈刚:《发展广告学的理论框架与影响因素研究》,《广告大观(理论版)》2013年第1期。
[4] 同上。
[5] 廖秉宜:《自主与创新:中国广告产业发展研究》,人民出版社,2009,第1页。
[6] 丁汉青编著《广告经济学》,经济管理出版社,2009,第220页。

理商、传播媒体和供应商"[1]，尹铁刚也明确提出广告产业的主体包括"广告主、广告公司、广告媒体"[2]。所以，问题聚焦到了广告主体到底包不包括广告主。

产业一般是指为了"满足社会某类需要而划分的从事产品生产和作业的各个部门"[3]。从大众传播时代的实践来看，广告媒体和广告公司满足了广告主对于产品或服务宣传的需要，并根据这种需要来组织自身活动。广告媒体和广告公司直接从广告活动中赚取利润，而广告主并不能从广告活动中直接赚取利润。不做广告，广告主依然可以通过其他方式获得利润，但广告公司脱离了广告，生存就难以为继，广告媒体也会出现巨大资金缺口。因此，在大众传播时代，广告产业"是为各类广告主提供广告产品为主要类型的营销传播服务的产业"[4]，其主体是广告媒体和广告公司，不将广告主视为广告产业的主体有其合理性。

但随着社会发展，特别是数字信息传播技术对社会各方面的渗透、解构和颠覆，广告主的营销传播越来越需要由其自身完成，广告主主动通过广告"劝服消费者在现在或将来形成认知、情感或行为上的改变"[5]，进而获得没有中间商赚差价的销售收入。此外，不少广告主本身也兼具广告公司、广告媒体的属性，广告收入成为其重要来源。因

---

[1]〔美〕布鲁斯·G. 范登·伯格、海伦·卡兹：《广告原理 选择、挑战与变革》，邓炘炘等译，世界知识出版社，2006，第23页。
[2] 尹铁刚：《中国广告产业发展中的"媒体红利"研究》，博士学位论文，北京大学广告系，2011，第27页。
[3] 龙茂发、马明宗主编《产业经济学概论》，西南财经大学出版社，1996，第1页。
[4] 陈刚：《发展广告学的理论框架与影响因素研究》，《广告大观（理论版）》2013年第1期。
[5] 陈刚、潘洪亮：《重新定义广告——数字传播时代的广告定义研究》，《新闻与写作》2016年第4期。

此，笔者认为在数字信息传播时代，广告产业是由广告主、广告公司和广告媒体这三个主体共同构成的。

三、广告产业的特点

广告主为广告产业提供资金，直接影响广告产业的发展方向和发展程度，而广告主的出资能力又受到了世界和国家整体经济发展水平和经济周期的影响，可以说，在广告产业中，广告媒体和广告公司依附于广告主，而广告主又依附于整个宏观经济环境，所以，"广告产业的一个突出特征是高度的依附性"[1]。

同时，广告主出资购买广告媒体和广告公司的服务，是为了更好影响消费者，所以广告媒体和广告公司的核心任务，是用一种合适的表达方式去影响人们的行为。不同国家、不同文化、不同民族的人对于同一事物的认知是有差别的，有时候甚至是完全相反的，比如竖起大拇指在中国表示"赞赏"，在美国可以表示"搭便车"，而在希腊却有挑衅等负面意思；再比如经常使用的"OK"手势，在英语世界表示"好的""知道了"，但在日本也表示"金钱"。类似的例子数不胜数，这就要求广告媒体和广告公司在开展广告活动时，必须因时因地地进行分析、创意和执行。这体现出广告产业的第二个特性，即"意识形态的相关性"[2]。

所以，广告产业的两大特性是依附性和意识形态相关性。

---

[1] 陈刚：《发展广告学的理论框架与影响因素研究》，《广告大观（理论版）》2013年第1期。
[2] 同上。

第二节　关于"人"的研究——广告产业研究一个重要方面

一、为什么"人"很重要

从广告产业两大特点中可以看出,"人"的影子无处不在。首先,由于依附性,广告主、广告媒体和广告公司依存于所在社会,广告产业受到"社会发展的影响和制约"[1]。其次,对于意识形态相关性的研究,更脱离不开对整个社会的认知。《现代汉语词典》对"意识形态"的定义是:"在一定的经济基础上形成的,人对于世界和社会的有系统的看法和见解,哲学、政治、法律、艺术、宗教、道德等是它的具体表现"[2]。从中可以看出,脱离对社会政治、经济、文化等一系列发展情况的认识,很难对意识形态有一个相对准确的把握。

因此,对中国广告产业的研究离不开对中国社会的研究,而社会本身的构成基础是"人"。经济学家阿尔弗雷德·马歇尔曾说过,经济学"一方面是对财富的研究,另一方面更重要的是对人的研究的一部分"[3]。笔者非常认同他的这种观点,在此套用,即对广告产业的研究,一方面是对营销传播服务的研究,另一方面更重要的是对"人"的研究的一部分。

二、概念选择的标准

人,既有物种意义,也有社会意义;既有个体意义,也有群体意

---

[1] 陈刚:《发展广告学的理论框架与影响因素研究》,《广告大观（理论版）》2013年第1期。
[2] 中国社会科学院语言研究所词典编辑室编《现代汉语词典（第6版·纪念版）》,商务印书馆,2012,第1546页。
[3] 转引自〔美〕塔尔科特·帕森斯:《社会行动的结构》,张明德、夏遇南、彭刚译,译林出版社,2008,第135页。

义;既有物质意义,也有虚拟意义。如果将"人"作为广告产业研究的关注点,就需要一个合适的概念作为承接主体。那应该选择哪个概念呢?笔者认为,这个概念至少应具备以下三方面的特点和内涵:

首先,它需要具有群体意义。地球人口超过70亿,每个个体都不完全相同,即使在技术高度发达的今天,以个体为单位的全覆盖研究也是不可能完成的任务。虽然莫斯可认为"古典理论继承了启蒙思想,主张个体有能力运用理智尽量扩大它们的私利……社会可以简化为个体的集合体"[1],但正如上面提到的,现代意义上的广告,所使用的传播方式是大众传播,而不是人际传播,即使参照陈刚提出的数字传播环境下"超级规模化的人际传播"[2]的说法,也是以"规模化"为前提。所以,在概念选择时,笔者将是否具有群体性内涵作为第一个标准。

其次,它需要具备综合性,而不是仅突出某一方面的特性。"'人'是只有在社会关系中才能体现的——他是所有社会角色的总和"[3],这些社会关系和角色包括政治、经济、文化等各个方面,综合在一起而成为人。因此,这个概念必须能够体现这种综合性,而不能仅仅是个政治概念、经济概念或文化概念。

最后,它需要体现人的能动性。这是由于广告是意图使人"发生认知、情感和行为改变的传播活动"[4],最终目的是希望影响人的行为,

---

[1] 〔加〕文森特·莫斯可:《传播政治经济学》,胡正荣、张磊、段鹏等译,华夏出版社,2000,第40页。

[2] 陈刚、潘洪亮:《重新定义广告——数字传播时代的广告定义研究》,《新闻与写作》2016年第4期。

[3] 〔美〕孙隆基:《中国文化的深层结构》,广西师范大学出版社,2011,第26页。

[4] 陈刚、潘洪亮:《重新定义广告——数字传播时代的广告定义研究》,《新闻与写作》2016年第4期。

而人的行为又反过来影响广告产业，其后续行为是衡量广告是否成功的关键。孙立平说"作为社会行动者的人以及由人所构成的各种社会力量，是影响社会走势的重要力量"[1]。因此，是否具有能动性内涵是另一个重要标准。

第三节 为什么是"公众"

依照上述三条选择标准，笔者对广告产业中常用概念做了逐一分析，包括消费者、受众、大众、用户、人民、群众、阶级和公众。由于这些概念都是代表一个群体，基于本书的研究需要，笔者将考察重点放在第二、三条标准，即综合性和能动性两方面。

经过研究和比较，笔者认为大部分概念要么缺少综合性内涵，要么能动性欠佳，有些是两方面都有明显不足。比如"消费者"概念，更突出"人"的经济行为，波斯曼说"把人设想为消费者就是把人当作市场"[2]；经济学家们也是"将个人视为商品的消费者而不是道德共同体的参与者"[3]。受众仅仅是广告媒体的传播对象，是"媒介产业自身的产物。媒介产业用这个概念来识别市场，界定商品"[4]。"用户"

---

[1] 孙立平：《转型与断裂 改革以来中国社会结构的变迁》，清华大学出版社，2004，第27页。
[2] 〔美〕尼尔·波斯曼：《技术垄断 文化向技术投降》，何道宽译，北京大学出版社，2007，第24页。
[3] 〔英〕格雷厄姆·默多克：《大众媒体的政治经济学》，章戈浩译，《新闻与传播评论》，2004年00期。
[4] 〔加〕文森特·莫斯可：《传播政治经济学》，胡正荣、张磊、段鹏等译，第254页。

概念的能动性仅是对广告产业施加的经济压力。"大众"概念过于依赖技术，陈刚说"没有大众传播技术和大规模生产的支持，就没有大众传播和大众市场形成的条件"[1]。"人民""群众""阶级"具有中国特色，但都主要突出政治属性，根据《现代汉语词典》定义，"人民"指"以劳动群众为主体的社会基本成员"[2]；"群众"概念"泛指人民大众"，或"指没有加入共产党、共青团组织的人"，或"指不担任领导职务的人"[3]；"阶级"指"人们在一定的社会生产体系中，由于所处的地位不同和对生产资料关系的不同而分成的集团，如工人阶级、资产阶级等"[4]。

相比较而言，"公众"概念的内涵更为综合，也更能体现人的主观能动性。米尔斯认为公众是"作为选民的公众"[5]；陈刚提出公众"是代表特定利益的群体力量和群体舆论"[6]；哈贝马斯认为"作为私人的人们来到一起，形成公众"[7]。可以看出，"公众"本身具有较强的政治内涵。同时，哈贝马斯多次提到经济和文化在公众形成过程中的重要性，如"作为'物主'的公众和作为'人'的公众的统一过程集中说明了资产阶级私人的社会地位本来就是具有财产和教育的双重特

---

[1] 陈刚、潘洪亮：《重新定义广告——数字传播时代的广告定义研究》，《新闻与写作》2016年第4期。
[2] 中国社会科学院语言研究所词典编辑室编《现代汉语词典（第6版·纪念版）》，第1091页。
[3] 同上书，第1082页。
[4] 同上书，第657页。
[5] 〔美〕查尔斯·赖特·米尔斯：《权力精英》，王崑、许荣译，南京大学出版社，2004，第15页。
[6] 陈刚：《发展广告学的理论框架与影响因素研究》，《广告大观（理论版）》2013年第1期。
[7] 汪晖、陈燕谷主编《文化与公共性》，生活·读书·新知三联书店，2005，第125页。

征"[1]，公众的构成有两个门槛，"教育是一个入门标准，财产则是另一个标准"[2]。教育是文化的重要组成部分，财产是经济的重要组成部分，因此，"公众"概念满足了综合性的标准。在能动性方面，陈红梅"将'公众'首先理解为普通民众，当个体以普通民众的身份参与到有关社会公共事务（利益）的活动中时，他（她）就成为社会公众的一分子"[3]。具体到广告产业，陈刚认为公众"代表了社会对广告产业的约束性力量"[4]，同时"有可能是唯一能够抗衡资本过度化的力量"[5]。从以上学者的观点中可以看出，公众是作为一种积极参与社会和产业发展的力量而存在的。它通过自身行动来表达诉求，争取利益，影响社会和产业的发展，具有极强的能动性。因此，笔者认为"公众"这个概念更适合于本书研究。

第四节 研究问题和相关说明

一、前人研究了什么

关于公众与广告的关系，不少学者做了大量研究，比较典型的研究角度包括：

从广告创意的角度，如邱颖认为"一个优秀的广告创意，除了要

---

[1] 〔德〕哈贝马斯：《公共领域的结构转型》，曹卫东、王晓珏、刘北城、宋伟杰译，学林出版社，1999，第59页。
[2] 同上书，第94页。
[3] 陈红梅：《互联网上的公众表达》，复旦大学出版社，2014，第43页。
[4] 陈刚：《发展广告学的理论框架与影响因素研究》，《广告大观（理论版）》2013年第1期。
[5] 陈刚：《公众的崛起与广告业的未来》，《广告大观（理论版）》，2016年第5期。

考虑产品特性等因素之外,关键在于要适合公众心理,使公众在一个美好的意境与氛围中,以一种轻松愉悦的心情接受广告信息,这也正是成功广告创意的绝妙之处"[1]。

从广告对公众影响的角度,如李友得认为"广告对公众的影响力更强。实际上现代广告不再只是推销一种商品或者是服务,而是试图推销一种观念,对公众实施一种精神控制""当公众的消费观念或者是别的信念被广告宣传的思想所控制时,那便意味着公众正在逐步丧失其完整的主体性,转而把决策权交给主体之外"[2]。

从公众广告素养培养的角度,如黎泽潮等指出了公众广告素养培养的急迫性和重要性,认为"随着经济社会迈入'大广告'时代,传播'大众'向'小众'化发展和不同媒介间融合的不可避免,'信息'成为传播活动的核心,'消费什么、怎么消费'也成为社会公众广告素养要解决的核心问题……这就迫切需要社会公众提高广告素养"[3]。

从具体行业的角度,如徐娜研究发现"医疗广告对公众就医行为的影响具体表现在以下四个环节:形成需要、获取信息、购买决策、购后评价"[4]。国外对于公众与医疗广告的问题也非常关注,Albert Caruana 和 Claire Carey 提到 "In America, the general public have been found to have a more positive attitude towards advertising than the

---

[1] 邱颖:《关于广告创意与公众心理的探讨》,《现代财经》,1999年第1期。
[2] 李友得:《现代广告对公众主体性的侵蚀:社会心理学视角下的思考》,《学理论》,2009年第31期。
[3] 黎泽潮、温娟、董保堂:《"大广告"时代公众广告素养中信息观的塑造培养》,《新闻战线》,2014年第10期。
[4] 徐娜:《医疗广告影响公众就医行为的心理探析》,《医学与哲学(人文社会医学版)》,2008年第2期。

medical practitioners and professionals in general"[1]。

从个案研究的角度，如靳明、张英重点研究了2012年11月中央电视台针对肯德基鸡肉供应商使用抗生素和激素促使原料鸡在40天内增长5斤的事件，指出"肯德基的危机公关广告取得了一定成效……但危机公关广告并未从根本上改变公众对肯德基鸡肉产品和食品安全事件的态度，同时公众对企业的社会责任问题还有很多疑问"[2]。

从公益广告的角度，如刘建泽认为"公益广告的目的是谋求公众利益，建设社会主义精神文明，它不以营利为目的，是非商业性广告，它传播的内容是观念而不是商品，它作用的对象是广大社会群体而不是某个特定的小群体"[3]。倪宁、雷蕾发现一般"公益广告主要以政府为主导……这种活动模式使得公众习惯性地认为公益广告事业是政府的责任，导致公众参与的积极性不高"[4]，建议"鼓励公众参与，消除结构的不对等，使得交流双方'你中有我，我中有你'"[5]。

从广告管理和监管的角度，如王悦彤认为"广告监管必须基于公众利益基础之上"[6]。针对酒类广告，Charles Parry等人认为"placing a ban on alcohol advertising are the most cost-effective ways to reduce

---

[1] Albert Caruana, Claire Carey, "The Attitude Towards Advertising by Medical Practitioners and the General Public:Some Evidence from Malta", *Management Research News*, No.20(1997):45.
[2] 靳明、张英：《肯德基速生鸡事件危机公关广告与公众态度变化——基于新浪微博的内容分析》，《财经论丛》，2014年第8期。
[3] 刘建泽：《浅谈公益广告》，《美术教育研究》，2015年第11期。
[4] 倪宁、雷蕾：《基于互联网的公益广告公众参与研究：以优酷网"扬正气、促和谐"公益广告视频单元为例》，《国际新闻界》，2013年第4期。
[5] 同上。
[6] 王悦彤：《基于公众利益的广告监管策略研究》，《新闻知识》，2013年第5期。

the harm caused by alcohol"[1]。

二、本书要研究什么

可以看出，前人对公众与广告产业的关系，提供了许多重要的分析视角和研究结论，但研究不足也比较突出。

一是将"公众"作为一个预设概念，没有对公众进行定义。

二是缺乏对公众形成过程的具体分析。

三是仅关注了公众对广告产业的外生性影响，却没有对这种外生性影响的来源、形成过程及具体作用方式进行分析，不能有效指导产业发展方向。

四是缺少对广告产业中公众内生性影响的研究。

因此，笔者将研究重点放在以下方面：

1. 公众是如何产生的，由谁组成，有哪些特点。
2. 广告产业中公众外生性影响的发展过程和作用机制。
3. 广告产业中公众内生性影响的发展过程和作用机制。
4. 广告产业中公众外生性影响与内生性影响的关系。

三、本书中的"外生性"与"内生性"指的是什么

（一）其他学科的观点

如何定义"外生性"与"内生性"，不同理论差异较大。

货币理论相关研究集中在货币供应量方面。所谓货币外生性是指

---

[1] Charles Parry, Nadine Harker Burnhams, Leslie London: "A total ban on alcohol advertising: presenting the public health case", *South Africa medical journal*, No.7(2012): 602.

第一章　绪论

"货币供给量是由经济运行之外的因素决定，如执政者的意志、自然条件、政策"[1]，而内生性是指"物价、利率、产出等直接或间接地决定货币供应量，也就是说货币供应量从属或适应于货币需求"[2]。我国很多学者认为"货币供应量既有内生性，又有外生性"[3]。

"比较优势理论的发展有两条线索：斯密关注分工以及经济组织在经济发展中的作用，开辟了内生比较优势学说的先河，李嘉图等学者则从区际或国际资源禀赋差异的角度解释比较优势，形成了外生比较优势的传统"[4]。内生比较优势与外生比较优势的不同在于，"内生比较优势研究强调经济发展中的后天因素"[5]，相对地，外生比较优势"强调先天因素"[6]。

新增长理论认为"经济增长不是外生因素作用的结果，而是由经济系统的内生变量决定的"[7]。新增长理论将一直被视为经济增长外生性要素的技术，纳入对经济增长的分析之中，并认为"是经济系统的最重要部分"[8]。卢卡斯认为"人力资本既具有内部效应，又具有外部效应"[9]。

---

[1] 李晓华、侯传波、陈学彬：《我国货币内生性问题的实证研究》，《上海财经大学学报》，2003年第5期。
[2] 同上。
[3] 姜再勇：《对我国宏观经济调控若干问题的思考》，《税务与经济》，1990年第5期。
[4] 胡健、董春诗：《比较优势理论研究的最新进展——一个文献述评》，《西安财经学院学报》，2006年第5期。
[5] 李锦宏、彭晓禹：《比较优势的内生性与外生性研究》，《中共贵州省委党校学报》，2009年第4期。
[6] 同上。
[7] 朱勇、吴易风：《技术进步与经济的内生增长——新增长理论发展述评》，《中国社会科学》，1999年第1期。
[8] 同上。
[9] 同上。

新制度经济学提出"制度是一个国家或地区经济增长与发展的内生性因素"[1]。夏德仁考察了不同制度下通货膨胀的根源，得出的结论是"资本主义制度下通货膨胀是外生的，而社会主义制度下的通货膨胀是内生的"[2]。

许多学者还就一些具体问题，从外生性与内生性的角度进行了分析，比如吴德进将企业交易费用分为内生交易费用和外生交易费用，"所谓内生交易费用，是指人们在交易中为争夺更多的好处而不惜牺牲别人的好处（损人利己）这种机会主义行为而导致的效率损失"[3]"所谓外生交易费用，是指在交易过程中直接或间接发生的那些费用"[4]。李强等对居民投资的研究发现"影响城镇居民投资行为的因素划分为内生性与外生性因素"[5]。焦连志研究了中国传统村落的变迁路径，将之归纳为外生性变迁路径和内生性变迁路径两种，"外生性变迁路径是指通过外力主要是通过国家政权和社会体制对村落基层的强力推动、渗透和覆盖，从外部推动村落家族文化的现代变迁；内生性变迁路径是指通过启动传统村落家族文化的内在变迁机制，促使体制内部内生性因素的发展逻辑地推动村落家族文化的现代变迁"[6]。

---

[1] 范曾明：《制度创新中社会经济发展的内生性因素》，《经济师》，1997年第4期。

[2] 夏德仁：《通货膨胀的内生性与外生性——我国通货膨胀的制度分析》，《江西社会科学》，1989年第2期。

[3] 吴德进：《企业间专业化分工与产业集群组织发展——基于交易费用的分析视角》，《经济学家》，2006年第6期。

[4] 同上。

[5] 李强、冯中朝：《外生性因素作用下城镇居民投资行为研究》，《财经研究》，2002年第6期。

[6] 焦连志：《内生性变迁与外生性变迁——中国传统村落家族文化现代变迁中的两种不同路径分析》，《晋阳学刊》，2005年第3期。

（二）本文的观点

通过上面的例子，可以看出关于"外生性"与"内生性"没有形成一个跨学科、跨领域的统一认识。具体到广告产业研究中，目前关于"外生性"与"内生性"影响的研究是缺失的。发展广告学弥补了这种缺失，提出了制度、市场、资本、公众四个影响广告产业发展的要素种类，认为公众不仅是影响中国广告产业发展的要素，也是中国广告产业发展的最终主导类型。

笔者认同发展广告学的这种分类方法，认为可以通过外生性影响和内生性影响来考察公众对广告产业发展的具体影响。

在本文中，公众的外生性影响，是指在不介入广告产业服务生产流程的前提下，对广告产业发展所产生的影响；公众的内生性影响，是指通过对广告产业服务生产流程的介入来实现对广告产业发展的影响。

第二章 公众[1]的发展历程及其作用

公众的出现，是社会发展与产业发展的统一要求，而其中社会发展是前提条件，没有中国社会中公众的形成，就不会有广告产业中公众的形成。广告产业的依附性特点决定了公众对广告产业的外生性影响，来源于公众在中国社会中所获得的权利及发挥的作用。中国社会中公众的发展，一方面受到当代社会政治、经济、文化等方面的影响，另一方面也受到中国自身历史发展的影响，是中国实际国情与中华优秀传统文化的结合，是实践逻辑和历史逻辑的统一。

"公众"概念起源于西方，有必要对其发展脉络进行梳理，因此，笔者在本章中将首先分析西方社会公众的发展历程、形成条件及作用，其次将之与中国历史进行比较和分析，寻找中国的特殊性，进而分析

---

[1] 本书所探讨的"公众"，在中国的含义是通过延伸其在中国社会中的作用和权利，结合新信息传播环境所赋予的能力，对中国广告产业发挥外生性和内生性影响的一群人。这个群体以具有中国国籍的公民为主。他们具有身份多重性、利益多元性和作用多样性的特点，对中国广告产业发展产生重要影响。

这种特殊性是如何影响近现代中国社会中公众的发展，最后就中国社会中公众的构成条件、作用及权利进行分析，说明公众外生性影响的来源。

第一节 西方公众的发展历程、形成条件及作用

一、发展历程

（一）奴隶制时期

"公众"在古希腊时期是公民的合称。公民身份是"值得一个人挺身维护的特权"[1]。古希腊人认为城邦是一个集体，公民是城邦的一分子，必须全身心投入城邦事务中。公民身份是一种权利，也是一种责任，一个公民既有权利参与城邦决策，也有义务承担决策执行。按照一条据传是梭伦制定的法律，在内战里保持中立是非法的。参与决策、执行决策需要花大量时间、精力和金钱，这些不是一般民众和奴隶所能具有的。此外，古希腊人相信，决策的范围需要有一定限度，集体决策和集体行动才可实现，换言之，公民数量必须是有限的。因此，古希腊时期所谓"公民"其实是贵族和富人的代名词，并不是所有居民都是公民。

古罗马共和国沿袭了古希腊这一传统，在其统治疆域内，罗马公民的身份和特权远高于其他人。所谓罗马公民主要是由贵族组成，而不是指居住在罗马城内的居民，随着罗马由共和国变为帝国，疆域逐

---

[1]〔美〕约翰·麦克里兰：《西方政治思想史》，彭淮栋译，海南出版社，2003，第15页。

步扩大，罗马公民的身份也会授予被征服地区的本地权贵。所以，奴隶制时期的公众由贵族和富人构成，地位和财富是其行使职责的保障，他们参与所有事务的决策，同时也执行这些决策。

（二）封建领主制时期

随着生产力发展、国土范围扩大、人口增多，政治经济结构变为了封建领主所有制。封建领主所有制下的权利可以视为一切统治权力的总和，哈贝马斯认为"特殊性和豁免权才是封建领主所有制的真正核心"[1]，笔者认为还应特别注重行政权和司法权，这两个权力是由封建时期向资本主义时期发展的关键因素。

封建时期的统治家族占有了所有资源和所有权利，统治也就成了家事。此时的公众是不必要的，因为并不存在公有问题，所谓的公有，就是统治家族占有，所以，哈贝马斯将中世纪封建时期的公众称为"代表型公众"。统治家族此时不仅代表着国家，他们就是国家，朕即国家，统治家族的活动因此具有公共性，这种公共性建立在其拥有一切的基础上，国事即家事。所以，封建时期的公共领域与奴隶制时期的公共领域一个根本区别就是，封建时期的公共领域被纳入了家庭之中，成了私人领域，"公共领域彻底消失了"[2]。

（三）资本主义早期

三个主要原因促成了资本主义时期即现代意义上公众的出现。

第一个是政治原因，统治家族自身统治能力下降，中间阶级重要性上升。在国家层面，所有权和管理权出现了明显分离，首先是行政

---

[1]〔德〕哈贝马斯：《公共领域的结构转型》，曹卫东、王晓珏、刘北城、宋伟杰译，第6页。
[2] 汪晖、陈燕谷主编《文化与公共性》，第66页。

权的分离，然后是司法权和立法权，统治家族仅保留了豁免权以及其他一切有利于自身的特殊权力。这产生了以下结果：首先，造就了一批中间阶级，包括行政官员、法官、律师、教师、科学家、医生和教士等，很多时候这几种人的职能是重合的；其次，这个中间阶级一开始是服务于统治家族的，但随着统治家族的兴趣与管理国家越来越远，国家管理工作越来越多地由中间阶级完成，慢慢使得统治家族事务与国家事务相分离，国家成了独立于统治家族的单独存在实体，家事不再等于国事，统治家族不再参与具体的管理工作，但是享受国家发展带来的各种好处，中间阶级作为国家工作人员，其所担任之职、所操办之事具有了公共属性，"从这个时候开始，才有现代意义上的公共领域与私人领域之分"[1]；最后，既然有了公与私，那么第一个要分的就是财富，统治家族私有财产与国家公共财产相分离，其影响又延伸至国家和民众之间。

第二个是经济原因，即由于西方远洋航海能力的提升以及南部非洲、美洲大陆的发现，商品贸易获得了空前的高速发展。去除了陆路运输所需支付的层层关税，贸易利润率大幅提升，更主要的是，新的商品和资源经过非洲奴隶在殖民地的劳作后，源源不断地返回西方，刺激了西方整体经济水平的高速增长。这种爆炸式的财富增长带来了一个结果，即出现了一笔既不属于统治阶级私有财产也不属于国家公共财产的巨额财富，而掌握这笔财富的商人成了中间阶级的重要组成部分，这也造成了国家公共财富与中间阶级私人财富的分离。财富归私人所有，那私人就有动力去保护，中间阶级就具有了阿伦特所说的

---

[1]〔德〕哈贝马斯：《公共领域的结构转型》，曹卫东、王晓珏、刘北城、宋伟杰译，第11页。

"私人性"[1]。这个中间阶级除了包括之前提到的行政官员、法官、律师、教师、科学家、医生、教士和商人外，还包括主要由统治家族资助的艺术家和文学家，以及作为国家保卫力量的中高级军官。这种发轫于早期资本主义商品经济的私人群体，动摇了封建时期的政治基础，虽然这个过程是缓慢的，但却是持续的和逐渐加速的。此时，封建时期的"代表型公众"失去了存在基础，被哈贝马斯称为市民阶级的私人"作为公共权力的受众组成了公众"[2]，在"'公众'范围内占据核心地位"[3]。

第三个是精神或意识形态原因，具体而言是艺术鉴赏和批判，特别是文学批判的兴起。统治阶级不再需要管理国家，经济发展又带来税收增多，他们有大把的时间和金钱追求享乐，尤其是精神享受。因而，很多人凭一技之长和才华天赋，获得统治阶级赏识，进而跻身市民阶级。这种始于统治阶级，或者说宫廷内部的精神追求也慢慢拓展到了公众中，实际上，"公众在17世纪的法国指的是作为文学和艺术的接受者、消费者和批评者的读者、观众和听众；说到公众，人们首先想到的是宫廷臣仆，其次是坐在巴黎剧院包厢里的部分城市贵族以及部分资产阶级上流社会"[4]。这种宫廷文化慢慢演变成了法国的沙龙文化、英国的咖啡馆文化和其他国家类似的独立于统治阶级之外的市民阶级文化。其中，笔者认为有必要对文化批判予以特殊强调。基于现实生活的文学创作，一方面有利于市民阶级找到共同归属感，另一

---

[1] 汪晖、陈燕谷主编《文化与公共性》，第70页。
[2] 〔德〕哈贝马斯：《公共领域的结构转型》，曹卫东、王晓珏、刘北城、宋伟杰译，第17页。
[3] 同上书，第21页。
[4] 同上书，第35—36页。

方面也开启了市民阶级的反思，对文学作品的反思慢慢演变成对现实政治生活的批判，甚至很多作品开始为了批判现实政治生活而被创作出来，基于文学的公共领域成了对抗国家和统治阶级的核心，可以说，政治的公共领域脱胎于文学公共领域。文化批判带来了公众自我认知和社会认知的大幅提升，核心是作为私人的公众必须为了保护私有财产而关注现实政治，所以，阿伦特认为"私人性是公共性的基础"[1]。

（四）市民阶级、公众、资产阶级、私人都是谁

有必要对市民阶级、公众、资产阶级和私人的关系做一简单分析。"私人"可以理解为有私有财产的人；"资产阶级"可以理解为有资产的人，私人和资产阶级实际上是可以互换的两个词；"市民阶级"由中间阶级而来，因中间阶级多数居于城市，所以，市民阶级指的是居住在城市的资产阶级或私人；在哈贝马斯的语境下，"公众"是公共权力的受众。因此，私人、公众和资产阶级最早指代的是同一批人，市民阶级所包含的范围小于这三者。随着社会经济发展，私有财产不再作为判断是否属于资产阶级的唯一标准，受教育程度成了新标准，"市民属于受过教育的阶级"[2]。同时，城市的中心作用越来越明显，因此，私人、公众、资产阶级和市民阶级之间的关系发生了转变，私人是最基础的部分，包括了所有具有私有财产的人，并不取决于财产的多少；市民阶级的范围小于私人，仅指居住于城市中的居民；资产阶级是人数最少的一个群体。他们虽脱胎于市民阶级，但与市民阶级的其他人群，比如小手工业者、小商贩、低级公务员、下级军官等有天壤之别，

---

[1] 陈红梅：《互联网上的公众表达》，第44页。
[2] 〔德〕哈贝马斯：《公共领域的结构转型》，曹卫东、王晓珏、刘北城、宋伟杰译，第82页。

是市民阶级中的上流和精英，起着引导作用。为避免歧义，笔者将这部分资产阶级称为精英阶层，由高级官僚、大地主、中高级军官、大工厂主、银行家、律师等子群体构成，每个子群体形成各自的利益团体，但总体而言，这些利益团体"代表的是地主阶级和有钱阶级的利益"[1]；而公众是市民阶级和精英阶层的总和。虽然哈贝马斯一再强调私人构成公众，但基于上面的分析不难看出，公众形成于城市，其所关注的议题是不同利益团体博弈的结果，虽包含了市民阶级的诉求，但更多反映的是精英阶层的诉求。

（五）作为斗争工具的公众舆论

当精英阶层内部不同利益团体的诉求无法调和时，国家出面就变得顺理成章。国家通过管理机构和军队，调节和干预不同利益群体之间的利益斗争。杜威认为"国家是一个受到行政人员影响的公共组织，它可以保护其成员的共享利益"[2]，而"公务人员本身代表公众的利益"[3]。这忽略了行政官员和中高级军官自身也分属于不同利益团体，也有保卫自身利益的诉求，杜威在后期也认识到了这一现实，不得不承认"政府官员依然是普通人，他们保留了人性的普遍特征。他们依然有私利和来自他们所属家庭、派系或者阶层等特殊集团的利益诉求，很少有人能够做到全心全意地投入政治职能中去。大多数人能够做得到最好情形是让公共福利相对其他欲求占据主导地位"[4]。面对一些更有优势的利益团体，其他利益团体必须寻找合适的工具来予以反击，

---

[1]〔德〕哈贝马斯:《公共领域的结构转型》，曹卫东、王晓珏、刘北城、宋伟杰译，第38页。
[2]〔美〕约翰·杜威:《公众及其问题》，本书翻译组译，复旦大学出版社，2015，第33页。
[3] 同上书，第28页。
[4] 同上书，第78—79页。

其中极其重要的一种工具叫作公众舆论。

这种工具的使用始于18世纪的英国，一些利益团体为了影响国家政策而"求助于具有批判意识的公众"[1]，麦克里兰认为"18世纪为世界带来的真正变化，是有史以来首次出现影响力可观的公众意见"[2]。精英阶层不同利益团体通过将自身利益诉求包装成更为普遍的公众利益诉求，从而达到将个人利益转换成一种经过国家和法律认可的普遍共同利益，所以，"在公众舆论里，阶级利益通过公开批判具有一种普遍利益的表象"[3]。李普曼说得更直白，"在所有错综复杂的问题上都诉诸公众的做法，其实在很多情况下都是想借助并无机会知情的多数的介入，来逃避那些知情人的批评"[4]。

利益集团往往以政党的形式出现。表面上这些政党代表着公众利益，实际上公众并不能深入其中，真正操纵政党的依然是精英阶层内部的不同利益团体。公众舆论作为一种斗争工具，被精英阶层所利用，最早是作为利益诉求斗争的工具，后来成了国家所有权斗争的工具，因为精英阶层发现，其所面临的根本问题，是国家所有权不在自己手中，而这种统治权力是保护私有财产的唯一基础。在这一点上，精英阶层的利益与公众的利益是一致的。于是，"资本家开始从呼吁对既存

---

[1]〔德〕哈贝马斯：《公共领域的结构转型》，曹卫东、王晓珏、刘北城、宋伟杰译，第68页。

[2]〔美〕约翰·麦克里兰：《西方政治思想史》，彭淮栋译，第553页。

[3]〔德〕哈贝马斯：《公共领域的结构转型》，曹卫东、王晓珏、刘北城、宋伟杰译，第97页。

[4]〔美〕沃尔特·李普曼：《公众舆论》，阎克文、江红译，上海人民出版社，2006，第284页。

国家改革转向推翻国家机器,并且利用国家来增进自身利益"[1],对于统治权力的斗争在西方各个国家开始了,并最终取得胜利,代议制在几乎每个西方国家都成了行使权力的标准制度。需要注意的是,此时代议制还不存在现在意义上对个人利益的代表,而是一种以资产阶级私人利益集团为单位的团体代表权力。公众舆论在代议制的确立过程中起到了重要的作用。

(六)资本主义精英阶层统治期

当整个资产阶级获得政治参与权利,并最终得到了完整的统治权时,情况再一次发生了变化。资产阶级内部分化进一步加剧,精英阶层现在不但掌握了财富和声望,更重要的是掌握了统治权力,成了统治阶级,公众成了被统治对象。没有精英阶层领导的公众,除了自己平时的生活与工作外,对与己无关的事情没有任何兴趣,即使是直接关系到自身利益的事情,也需专人来替他们厘清脉络,而精英阶层也需要一群"白手套"来继续将私人利益伪装成公众利益,这为政客们提供了空间,使他们成了引领公众、表达公众意见的所谓"代言人",进而成了公众的教导者。

精英阶层通过不同方式来解构甚至瓦解公众的政治批判和斗争意识,手段之一是通过大众媒体塑造虚假的公共领域,让公众自以为享有参与国家治理和自由表达的权利。只要考虑一下建立一个大众媒体所需要的资金量,就很容易发现大众媒体代表的是谁的利益,而大众媒体之间的那些所谓"争吵",其实质依然是不同利益团体间的利益斗争,李普曼因此认为"新闻机构最上乘的表现就是成为制度的仆人和

---

[1] 〔英〕弗兰克·韦伯斯特:《信息社会理论(第三版)》,曹晋、梁静、李哲等译,北京大学出版社,2011,第210页。

卫士，最差则会沦为少数人利用社会混乱达到自身目的的手段"[1]。卡伦也认为"市场能够培育起来的（媒体）并不是服务于公众利益的、独立的'看门狗'，而是为了适应个人目的随时调整其批判性的监督视角的工商业'雇佣军'"[2]。这也解释了为什么在西方大众媒体的话语中，更多使用的是消费者、受众、用户等不具备政治性内涵的概念。

同时，精英阶层不得不向公众让渡一小部分政治和经济利益。这一方面是因为遗留下来的既定传统，公众作为选民，为精英阶层不同政党提供选票，西方社会普选权的逐步放大是社会进步的表现，更是不同利益团体为追求各自利益而诉诸公众选票的策略；另一方面是因为资本逐利性，与作为选民的公众相比，精英阶层更需要作为消费者的公众，资本主义社会是建立在商品经济的基础之上，过度的剥削会导致消费快速下降，进而影响精英阶层自身经济利益。而无论是作为选民还是作为消费者，公众规模越大越好，但必须清楚地意识到，"尽管国家扮演成代表广大社会或公共利益的独立仲裁者，它依然得维护资本家的利益"[3]。

总之，笔者认为西方资本主义时期公众的发展，经历了由资产阶级各阶层组成到由资产阶级精英阶层领导，再到公众与精英阶层分离这一过程。作为统治阶级的少数资产阶级精英阶层，最终成了由绝大多数国家公民组成的公众的对立面，而公众舆论是精英阶层的主要工具。

---

[1]〔美〕沃尔特·李普曼：《公众舆论》，阎克文、江红译，第259页。
[2]〔英〕詹姆斯·卡伦：《媒体与权力》，史安斌、董关鹏译，清华大学出版社，2006，第282页。
[3]〔加〕文森特·莫斯可：《传播政治经济学》，胡正荣、张磊、段鹏等译，第90页。

二、公众的形成条件

根据上述分析，笔者认为公众的形成需具备如下四个条件：

（一）私有财产

私有财产是公众形成的最基础条件，因为公众是以私人为基础而组成的，哈贝马斯说，"'私人'一词的肯定意义正是依据以资本主义方式自由支配财产的权力概念而产生的"[1]；康德说，"只有有产者才可以加入具有政治批判意识的公众，因为他们的自律扎根在商品交换领域之中，因而与捍卫作为私人领域的兴趣是一致的"[2]；阿伦特同样持此观点，她认为"私人财富之所以成为进入公共领域的一个条件，并不是因为它的拥有者在积累它，而是因为它以一种合理的确实性保证它的拥有者不必努力地去为自己提供各种用品和消费资料，从而能够自由地从事公共活动。很明显，只有在生活的更迫切需要得到满足之后，公共生活才有可能"[3]。

自精英阶层取得统治权开始，公众的私有财产已不足以支撑他们过衣食无忧的生活，需要通过每天工作来获得与保有，也就没有多余的闲暇时间投入公共活动中去，这一点米尔斯说得非常直白，"政治自由与经济安全牢固建立在小规模、独立财产的实际上；它们不建立在新中产阶级的工作世界里"[4]。然而，虽然公众的私有财产不足以衣食无忧，但这依然是他们的财产，任何有可能侵犯他们财产的事物都会

---

[1]〔德〕哈贝马斯：《公共领域的结构转型》，曹卫东、王晓珏、刘北城、宋伟杰译，第85页。
[2] 同上书，第127页。
[3] 汪晖、陈燕谷主编《文化与公共性》，第94页。
[4]〔美〕查尔斯·赖特·米尔斯：《权力精英》，王崑、许荣译，第333页。

受到批判,同时,他们也在寻找着各种机会增值自己的私有财产。因此,获得私有财产,保有私有财产,是公众形成的根本,没有私有财产的存在,公众既无所可保护,也无所可追求,也就不存在批判和斗争的问题。

(二)受教育权利

随着社会发展,教育成了衡量资产阶级的新标准。公众"从一开始就是阅读群体"[1],因为能够有时间和金钱接受教育的只能是具有一定资产的人。当然,因为公众是由市民阶级和精英阶层组成的,这两个部分由于财产和资源获取能力的不同,其受教育程度也有所差别,而且随着精英阶层与公众的分离和资本主义的加速发展,这种差别越来越大。

受教育权利对公众的两个不同组成部分有着不一样的意义。对于精英阶层而言,受教育权利保障了其统治的合理性。精英阶层一方面享有统治阶级的种种特权,另一方面也需要承担国家的管理职责,这可以视为他们为了自身利益不得不开展的活动。通过高等教育和私立学校的培养,精英阶层能够延续这种统治能力,他们所获得的知识既是治理国家的必备条件,也是对内协调不同利益关系的基本手段和基本途径。对于市民阶级而言,受教育权利是保障自身权益的基础,一定的教育程度更有利于他们理解统治阶级的政策,也更有利于他们表达自身诉求。市民阶级可以不关心哈耶克和凯恩斯的区别,但是他们肯定关心油价上涨对日常生活成本的影响。当然,由于此类事情繁多,且细节复杂,哪怕是与己相关的事务,市民阶级也越来越难以理解,

---

[1] 〔德〕哈贝马斯:《公共领域的结构转型》,曹卫东、王晓珏、刘北城、宋伟杰译,第22页。

但一定的文化水平可以保障市民阶级与精英阶层之间的基本沟通，而这种一知半解的状态对精英阶层的统治也有很大好处。市民阶级需要受教育权利的另外一个原因，是保留了一条社会流动通道。虽然统治阶级和被统治阶级的地位相对固化，但一方面，统治阶级中的个别成员会由于种种原因下降到了被统治阶级，于是在统治阶级中出现了空缺；另一方面，从国家管理的角度，统治阶级的人数是有限的，远远不能满足管理国家所需要的人才缺口，因此需要从市民阶级中选择一些优秀人才进入国家管理队伍，这同样也有助于缓解统治阶级与被统治阶级的对立矛盾。

（三）政治斗争通道

政治斗争通道是艾森斯塔德在对历史上各个帝国分析时提出的一个概念，他认为帝国时期的政治斗争通道主要包括了皇家的议政机构、政府和代议机构，比如罗马的元老院、拜占庭的赛车队等[1]。政治斗争通道是被统治阶级保护自身利益的一种手段，麦克里兰说："有财富而无政治影响力，几乎难以想象。"[2]这涉及如何认识国家的存在。从社会契约理论的角度出发，国家是人们为了更好地生活，在达成一致意见的情况下，让渡一部分个人权利，以保障个人的利益。无论是霍布斯将国家视为个人行为的惩罚者，还是洛克将国家视为个人行为的安全阀，按照社会契约理论，先有个人而后有国家，国家的建立是和平，至少是和谐的。但真实历史中，国家的建立无一不伴随着暴力和血腥，因此，笔者认为应将国家理解为可以依照统治阶级意愿合法行使垄断

---

[1]〔羊〕艾森斯塔德：《帝国的政治体系》，阎步克译，贵州人民出版社，1992，第24页。
[2]〔美〕约翰·麦克里兰：《西方政治思想史》，彭淮栋译，第328页。

暴力手段的组织。

　　基于这一认识，再回来看具有财富而没有政治权利的个人，就能清楚地看到，如果他们不积极争取政治地位，那么其财富是无可保障的。只要统治阶级是由少数人组成的并能随心所欲使用暴力手段，那对于利益的追求，也就是其逐利性会驱使他们用尽一切手段去占有尽可能多的财富，因此袁方说："富而不贵，便将受皇权的威胁。"[1]这虽然主要是针对古代中国而言，但其中的道理具有一定的普适性。

　　因此，当英国资产阶级被排除在政治决策过程之外时，"光荣革命"发生了，而法国也在1832年允许以市民阶级为代表的资产阶级参与政治决策，"近一百万人获得了选举权"[2]。这种对政治决策权的争取，最极端的情况是诉诸战争和革命，其次是局部的冲突（比如不同地区之间、不同人种之间、不同职业之间等），最常使用、最为隐蔽且在当代社会最为有效的方式是对信息传播通道的占有，哈贝马斯在其经典著作《公共领域的结构转型》的再版序言中，提到了两个非常重要的、之前他未给予足够关注的过程，"其一为通过交往产生的合理权力，其二为操纵性的传媒力量"[3]，"合理权力"即笔者所说的政治斗争通道，"传媒力量"在下面会具体分析。

　　总之，政治斗争通道是公众能够起到应有作用的必备条件，它为公众提供了参与政治决策、提出自身利益诉求的机会，更为统治阶级与公众提供了意见交流和问题解决的通路。

---

[1] 费孝通、吴晗等：《皇权与绅权》，生活·读书·新知三联书店，2013，第111页。
[2] 〔德〕哈贝马斯：《公共领域的结构转型》，曹卫东、王晓珏、刘北城、宋伟杰译，第77页。
[3] 同上书，第28页。

（四）信息传播通道

在政治斗争过程中，公众舆论是斗争工具。舆论的形成可以口口相传，但要适应大范围的意见传播，离不开大众传播工具的帮助，因此，13世纪后纸张对羊皮纸的替代，以及15世纪以来以谷登堡印刷机为起点的信息传播技术革命，直接推动了公众和公众舆论的形成。"杂志，首先是手抄通讯，接着是印刷的月刊和周刊成了公众的批判工具"[1]，而报纸的兴起，更直接提升了资产阶级政治斗争的能力，"创办政治报刊是争取自由和公共意见的努力"[2]。

信息传播通道之所以重要，一方面，由于思想控制可以直接引导政治活动，传播活动本身就可以将零散的私人聚集起来，在资本主义精英阶层争取统治权时，使他们成为排头兵和垫脚石；在精英阶层取得统治权后，可以教导他们成为新政权的拥护者和顺从者。另一方面，信息的传播是为统治阶级的政治利益与经济利益服务的，作为选民和消费者的公众，具有相当份额的政治影响力和经济影响力，特别是涉及自身利益时，这两种影响力所能起到的作用非常强大，因此，需要通过信息传播通道不断地渗透、影响公众的主观判断。从公众的角度，信息传播通道的权利，是保障其自身利益的重要途径，斯卡内尔将其称为"传播权利"，即"人们获知和理解信息、发表言论和承担责任、倾听别人和被别人听到的权利"[3]。自身利益诉求需要通过将相似的私人结合在一起，集体发声能获得的关注远远大于个体之和，而通过信

---

[1] 〔德〕哈贝马斯：《公共领域的结构转型》，曹卫东、王晓珏、刘北城、宋伟杰译，第46页。
[2] 汪晖、陈燕谷主编《文化与公共性》，第130页。
[3] 转引自〔英〕詹姆斯·卡伦：《媒体与权力》，史安斌、董关鹏译，第51页。

息通道反馈的利益诉求也降低了精英阶层与公众之间通过暴力来协调利益分配的风险。所以,信息传播通道在公众形成的阶段极其重要,如果没有彼此沟通的信息通道,大量原子化的私人不可能发现彼此共同的利益诉求,并为之斗争。

(五)四个形成条件的关系

孔子在《论语》中阐述了"先富之后教之"的思想:"子适卫,冉有仆。子曰:'庶矣哉!'冉有曰:'既庶矣,又何加焉?'曰:'富之。'曰:'既富矣,又何加焉?'曰:'教之。'"这说明在多数情况下,教育是建立在一定的经济基础之上的,所以私有财产是公众形成的基本条件,受教育权利次之。相较于政治斗争通道和信息传播通道,受教育权利虽然表面上并不突出,但却是使政治斗争通道和信息传播通道能够发挥作用的关键。因为"社会秩序是通过想象建构的,维持秩序所需的关键信息无法单纯靠DNA复制就传给后代,需要通过各种努力,才能维持法律、习俗、程序、礼仪,否则社会秩序很快就会崩溃"[1],这"各种努力"就是学习和教育,也就是说,只有通过教育,人们才能习得现有的社会秩序,而只有在习得现有社会秩序的基础上,才能进一步在其中追求利益或者改变秩序,特别是随着社会发展,各种制度和法律的日趋完善意味着,如果不能熟悉并使用现行的权利话语,就无法参与到社会事务中去,"现代生活的高度组织化导致人们为了组织生活,必须系统地搜集人类及其活动的信息……如

---

[1]〔以〕尤瓦尔·赫拉利:《人类简史 变成神的这种动物》,林俊宏译,中信出版社,2014,第118页。

果我们要组织社会生活，我们必须了解人们"[1]。

但并不是说具备了私有财产和一定的教育，就必然会获得政治斗争通道。比如中国古代的工商业，士农工商的排位经历了千年历史，商人地位的低下与其经济能力的强大极不匹配，"工商业者并没有作为一个独立阶级而获得与其财力相应的政治地位"[2]。造成这种现象的原因，笔者认为源于经商所必需的精明算计不符合中国古代文化，特别是儒家理念，更本质的是，中国千年以来以农耕为财富的主要来源，农耕是历朝历代的立国之本，讲究的是一分耕耘一分收获，与商品经济中的低买高卖和快速增值有着天然的矛盾。

因此，构成公众的四个条件并不具有连贯的必然性。对于政治斗争通道和信息传播通道这两个条件，这种非必然的连贯性就更为明显了。事实上，这两个条件是相辅相成的，有时候很难分清先后。信息传播通道既是政治斗争通道的重要工具，又是政治斗争通道能够实现的原因；同样，政治斗争通道既是信息传播通道得以实现的基础，又是信息传播通道发挥作用的障碍。同时，需要特别注意的是传播技术的革命性变化对这两者的直接刺激作用，以印刷机为代表的传播技术，在思想上影响了政治斗争通道的斗争观念，在行动中影响了信息传播通道的实践方式，而以广播、电视等为代表的电子传播技术革新，改变了公众认知世界、了解世界的方式，也改变了现实世界的运行规则，笔者在后面会着重分析以互联网为代表的数字信息传播技术的巨大影响。

---

[1] 〔英〕弗兰克·韦伯斯特：《信息社会理论（第三版）》，曹晋、梁静、李哲等译，第263—264页。
[2] 阎步克：《士大夫政治演生史稿》，北京大学出版社，1996，第144页。

总之，公众的形成需具备四个条件，即私有财产、受教育权利、政治斗争通道和信息传播通道。这四个条件的出现有一定的顺序性，但这种顺序性却并不是必然发生的。

三、西方公众的作用

研究公众的作用，涉及如何看待公众的批判意识。哈贝马斯多次提到公众的批判意识是其根本，并且认为随着精英阶层从原有公众中分离，"公众分裂成没有公开批判意识的少数专家和公共接受的消费大众。于是，公众丧失了其独有的交往方式"[1]。笔者认为，批判性是否构成公众的存在基础，需要明确两个问题：第一，公众批判的对象是谁；第二，为什么要批判。

第一个问题的答案比较明显，公众批判的对象是与其对立的统治阶级，虽然不同时期统治阶级的构成不同。第二个问题的答案虽然看似同样明显，但却需详细分析。公众对一个问题进行批判，说明对其产生了关切，按照彭立群的说法，"共同的物质利益产生公共性关切"[2]，因此可以认为，公众对一个问题的批判，起因是他们与这个问题有实际的利益关系，公众对封建统治的批判，源于封建统治者可以依据个人喜好而更改政策，这种随意性和不可预测性，"完全违反了资本主义社会中私人利益的理性尺度"[3]。而到了精英阶层成为统治阶级时，一方面由于公众的构成几乎包含了整个公民群体，不同的利益诉

---

[1]〔德〕哈贝马斯:《公共领域的结构转型》，曹卫东、王晓珏、刘北城、宋伟杰译，第200页。
[2] 彭立群:《公共领域与宽容》，社会科学文献出版社，2008，第22页。
[3]〔德〕哈贝马斯:《公共领域的结构转型》，曹卫东、王晓珏、刘北城、宋伟杰译，第89页。

求过于繁杂，另一方面对于统治阶级所提出的议题，公众又没有足够的知识储备和时间去做细致了解和判断，选择参与和自身相关的那一小部分议题不失为一种理性的处理方式，所以李普曼认为"公众并不是个体公民的集合体，而是对某一公共事务感兴趣的一些人，他们只能通过支持或者反对执行者对事件施以影响"[1]。

从这个角度出发，与其说批判性是公众存在的基础，不如说相关性才是公众愿意批判的原因。只有与其实际利益相关，才能将散落在各行各业的私人聚集到一起并采取行动，勒庞说"私人利益几乎是孤立的个人唯一的行为动机，却很少成为群体的强大动力"[2]，笔者认为他大大低估了一群为保护私人利益而聚合起来的公众的力量。

因此，公众的作用是对于不利于自身利益事物的批判与反抗，即约束性作用；以及对于有利于自身利益事物的追求，即逐利性作用。

第二节　中国社会公众的发展历程、形成条件及作用

一、中国古代社会"类公众"群体的发展——夏朝至清朝

中国历史上没有公众的提法，但却有一个与之类似的群体，他们一方面协助统治阶级治理国家，对统治阶级起到了一定的约束性；另一方面作为一个独立的阶层，他们通过知识、声望等因素获得财富，表现出了作为集体的逐利性，是中国历史上独特的政治存在。这个群

---

[1]〔美〕沃尔特·李普曼：《幻影公众》，林牧茵译，复旦大学出版社，2013，第51页。
[2]〔法〕古斯塔夫·勒庞：《乌合之众：大众心理研究》，冯克利译，中央编译出版社，2014，第32页。

体就是士大夫群体,其中,又以儒家士大夫最为典型。

(一)夏、商、周、春秋战国——亦师亦友

夏、商时,"士"首先是各氏族和部落的酋长,其次是军事首脑,最后是行政长官。夏、商实现了表面上的统一治理,但每个部落还保留一定程度的自治。姬发沿袭了商朝后期的分封制,说明私有财产已成为当时社会经济结构基础。以周公、召公为代表的宗室贵族参与日常管理,国家所有权与管理权有了初步分离。

周与夏、商的另一大区别,是建立了礼乐制度,这是一种意识形态的控制制度,"通过衣服、舆马、宫室、饮食、器物、仪制、典礼等方面的差异规定,使权势、财富和威望的分配严格地依照于政治等级,鲜明地体现了尊卑贵贱的不可逾越性"[1]。作为贵族成员的士大夫,除了贵族和管理者的身份,更是具有高级文化的阶层,因此,礼乐的提出和继承就成了他们的责任,特别是随着周朝的衰落和诸侯国的强大,那些仅仅具有国家管理者角色的贵族没落了,而作为文化教育者的"士"变得越来越重要,成了帕森斯所谓的"文化事务专家"[2]。

随着诸侯国之间战争的加剧,越来越多士大夫成了游士,自成一个阶层,所传播的文化知识已不限于礼乐,还包括更为实用的天文地理、算数测绘、人文政治等,稷下学宫的设立说明诸侯对士大夫阶级的重视和需要。由于春秋战国时期各诸侯国之间兵戎相见,礼乐制度并不适用于实际需要,法家、纵横家等学派大放异彩,迎来了中国历史上极为灿烂的思想大爆炸。但无论是哪个学派,士大夫阶级在春秋

---

[1] 阎步克:《士大夫政治演生史稿》,第87页。
[2] 余英时:《士与中国文化》,上海人民出版社,2013,第22页。

战国时期是作为统治阶级的"师"与"友"存在的,"不治而议论"。士大夫在这个阶段的作用,主要体现在其约束性作用方面;在逐利性作用上,以个体或者门派为单位的利益争夺比以整个阶层为单位的利益争取更为明显。

(二)秦至宋末——居"臣"位而共管

秦朝实现了中国历史上第一次中央集权,以提高行政效率为目标的法家适合于秦朝治理需要。大部分贵族被排除在行政领域之外,国家的运行被当作单独的行政领域,通过技术手段来处理,依据法律执行。大一统的秦朝,权力集中于皇帝一人,士大夫不能分享决策权,特别是继承礼乐思想的儒家士大夫,其政治理念与法家相左,受到排挤。士大夫的身份地位也慢慢发生了变化,由"师""友"变成了"臣",士大夫阶级在秦朝遇到了第一个低谷,无论是对于统治者的约束性,还是对于自身利益的逐利性都受到了极大压制。

秦朝二世而亡,对后世的影响是十分巨大的。汉朝在开始阶段采用了黄老之术,国力慢慢强大起来,到了汉武帝时达到顶峰。但汉武帝却面临一个严重问题,汉初设立的诸侯国已成了影响中央集权进一步发展的障碍。汉武帝通过颁布推恩令,逐步削减、分化了各个诸侯国的面积和权力,同时,采用董仲舒"罢黜百家,独尊儒术"的建议,通过思想控制与统一达到政治控制和统一的目的。作为意识形态控制的工具,儒家"君君、臣臣、父父、子子"的思想有利于皇帝统治,士大夫,特别是儒家士大夫经历过低谷后,回到了舞台中心,尤其是随着汉武帝孝廉科的设置,士大夫"入仕"有了正式渠道。同时,相对独立的规谏机制也建立起来,成了历朝历代政治生活中不可缺少的组成部分。规谏制度既是士大夫,特别是儒家思想的直接体现,也是士大夫阶级保障自身利益的有力工具，其约束性作用获得了合法身份。

逐利性作用方面，余英时提到士大夫阶级的"地主化"或"恒产化"。[1] 由于汉朝士大夫获得更多的政治决策和管理权，"游士"们成了有田产的地主，士大夫阶级朝着士族化方向发展，私有财产的多少与士大夫在政治上地位的高低直接挂钩，士大夫内部渐渐形成了高级士族和中下级士族。这种情况从西汉末年开始，在魏晋南北朝时达到顶峰。高级士族不仅把持了国家的决策权和管理权，同时也是最大的私有财产所有者，是左右朝代更替的主导力量。而由于中下级士族没有了上升通道，纷纷加入地方割据势力，这进一步导致了中央与地方、中原地区和边疆区域的紧张关系，扩大了战争的规模和持续时间。隋朝科举制的设立，首先解决了由于百年混战而导致的人才缺失问题，其次打破了旧高级士族长期对国家决策权和行政权的垄断（不久后又产生了新的高级士族），为中下级士族打开社会晋升通道；同时，官僚阶级的定期更换也有利于皇帝统治。从士大夫阶级角度来看，科举制的确立实现了权力在阶层内流动。所以，阎步克说科举制度"标志着中国古代文官制度的更高发展水平"[2]。唐宋沿袭了隋朝的制度，士大夫阶级与皇帝共治天下的模式越发稳固，其对皇权的约束力也越来越强。在逐利性作用方面，吴晗说"世族子弟有了庄园，才能中进士做官，再去扩大庄园，这时期呢，做了官再置庄园"[3]，士大夫、官僚和地主这三种身份合而为一了。

---

[1] 余英时：《士与中国文化》，第52页。
[2] 阎步克：《士大夫政治演生史稿》，第483页。
[3] 费孝通、吴晗等：《皇权与绅权》，第66—67页。

(三)元至清末——以"奴"之名行"治"之实

元朝的政治结构与中国当时的政治结构相比落后很多,因此,虽然士大夫阶级的地位降至"奴",但慢慢恢复了与元朝皇帝共治国家的政治影响力。明朝推翻了元朝,但士大夫阶级的地位并没有提高,士大夫阶级仅作为顾问而存在。然而,虽名为顾问,但士大夫阶级还是慢慢收回了与皇帝共治天下的权力,有时这种权力甚至大于皇权。

清朝也是由边疆民族入主中原,但是相较元朝而言,满族更快地适应了儒家文化,很多满族八旗子弟和士大夫阶级几乎无所差别。在这段时期,士大夫阶级另一显著变化是人数的急剧扩张,王先明估计有高达96%左右[1]的士大夫没有官职可做,于是乡绅越来越多。岑大力将乡绅分为两类,"一类是致仕、卸任甚至坐废的回乡官员,以及现任官员家乡的亲戚子弟;一类是府州县学的生员、国子监的监生,以及在乡试、会试中及第的举人和进士"[2]。乡绅一方面是国家管理的触角,另一方面也是民意的传递通道,但他们主要代表的依然是士大夫阶级的利益。由于"僧多粥少"的现实,使乡绅开始越来越多地介入商业活动,出现了不少"弃儒从商"的情况,加剧了文化教育者、官僚、地主和商人这四种身份之间的横向流动。

可以看出,中国历史上的士大夫阶级经历了与统治阶级共有国家到共治国家的过程,地位由统治阶级的一员,变为统治阶级的"师""友""臣",最后变为了统治阶级的奴仆。虽然地位一直在降低,但士大夫阶级与西方公众起到了相似的作用,而且很多时候士大

---

[1] 王先明:《变动时代的乡绅——乡绅与乡村社会结构变迁(1901—1945)》,人民出版社,2009,第44页。
[2] 岑大利:《中国历代乡绅史话》,沈阳出版社,2007,第8页。

夫阶级比西方公众有更强的主动性、自主性和控制力。士大夫阶级与西方公众的重要区别在于，士大夫阶级始终享有政治的决策权和管理权，其利益与统治阶级利益具有同一性或同向性，而西方公众的发展有明显的断层，现代意义上西方公众的政治参与权、管理权直至决策权是一步一步从统治阶级手中争取过来的，所以相较于士大夫阶级，西方公众的斗争更激烈、更持久。而一以贯之的发展历程和政治斗争通道先于私有财产与受教育权利的形成方式，成为中国现代公众的一大特点。

二、辛亥革命至新中国成立前——西式公众的仿效尝试

（一）仿效的条件

1912年2月12日，清朝最后一个皇帝溥仪宣布退位，由辛亥革命发端的社会变革导致千年帝制的终结。帝制的结束，打破了士大夫与皇帝共治天下的政治结构，加之科举制度废除，以及留洋学生反哺和以西式教育为核心的新式学堂设立，使士大夫阶级不仅失去了直接的政治影响力和对官僚职位的垄断，也打破了一直以来独享的文化教育权力，士大夫阶级需要寻求转变，在新的社会结构和政治结构中寻找新的位置。

一部分士大夫成了自由职业者，包括教师、作家、新闻从业者；一部分士大夫成了新政府的官员和新式军人；一部分士大夫安于地主的身份；还有一部分士大夫转型成了近代的工商业企业家和资本家，这也对应了在明清时期士大夫文化教育者、官僚、地主和商人四种身份。值得注意的是，除了地主，其他三类新的身份都带来了一个显著变化，即士大夫阶级与乡村的分离。考虑到清末士大夫的构成以乡绅

为主的现实,这种从乡村向城市的单方向转移,使乡村的人才大规模快速缩减,而从乡村进入城市的士大夫阶级,也很难再返回乡村,这既有生活习惯的问题,也是谋生所迫,因此,士大夫阶级转型带来的一个不利的影响是乡村的长期落后。

伴随着士大夫的大量转型,以及以西方资本主义国家为蓝本的中华民国的建立,"'士大夫'的时代在中国已一去不返了"[1]。民国时期看似基本具备了公众出现的条件:从私有财产来看,无论是自由职业者、工商业资本家、官员、军人,都通过契约形式获得相应报酬,在城市中购房置业;从教育程度来看,这批人都由士大夫阶级转型而来,接受过系统的中国传统文化教育,又在新式学堂接受过西式教育,不少人还有留洋经历,其受教育水平毋庸置疑;从政治斗争通道来看,中华民国仿照西方资本主义国家的政治制度,设有所谓参议会,颁布了宪法,总统通过所谓选举产生;在信息传播方面,报纸、杂志大量出现,各种思潮和观点层出不穷,陈独秀创办的《新青年》更是引领了新文化运动。看似公众的形成条件已具备,由士大夫阶级转型而来的工商业企业家、新式官僚和城市自由职业者等构成了近代中国资产阶级公众。

(二)仿效失败的原因

然而,当时的社会政治经济情况不支持中国近代公众起到西方公众的作用,最核心的原因,是当时中国经济还是以农业为主,资产阶级在整个国民经济中并不起核心作用,许多生活在城市的资产阶级,其收入很大一部分依然来自农村,所以,民国时期更多的是财富阶级

---

[1] 余英时:《士与中国文化》,第596页。

由农村向城市的转移,而不是财富生产结构的转变。对比而言,西方资产阶级在开始争夺政权时,其财富规模在整个国家经济构成中已占据相当比例;其次,新式教育虽以"全体社会成员为教育对象,目的在于通过不同层次的教育,发挥每一个人的潜能,使之找到各自的最佳位置并培养其社会意识和国民精神"[1],但实际上依然只有士大夫阶级能够获得这种受教育机会,在人口比例中占据绝对多数的农民,所获机会寥寥无几,这一方面是因为新式学堂大多建在城市,另一方面是因为农民支付不起教育费用,当然还有乡绅人数急剧减少导致乡村教育或私塾教育衰落的缘故。虽然近代中国资产阶级将财富和权力结合在了一起,引导了当时中国的走向,但必须看到,这种引导能力是极其虚弱的,其之所以能够取得暂时的优势,是因为在清朝灭亡以后,所有中国人都希望国家快速富强,而当时世界上所有的发达国家都是资本主义国家,这给了中国资产阶级一定的政治合法性,可资本主义制度并不适用于彼时还以农业为主要产业的中国,同时政权更替和建立需要暴力支撑,当时的军队掌握在军阀手中,因此就不难理解民国在成立后不久即被当时最大的军阀袁世凯所把持了。其后的蒋介石,打着资产阶级旗号,实质仍是军阀和外国势力代言人。所谓的公众,既约束不了军阀,也无法保卫自己的财产,更不要说逐利了。

总之,以近代中国资产阶级为核心的西式公众,既缺乏在整个国家经济中的核心作用,也与大多数普通民众割裂,同时还缺少引导国家变革的有效暴力手段,所以不可能起到西方公众应有的作用,成了西方公众的拙劣翻版,加上紧接而来的抗日战争和解放战争,使西式

---

[1] 王先明:《变动时代的乡绅——乡绅与乡村社会结构变迁(1901—1945)》,第37页。

公众存在的基础条件难以实现，所以，西式公众在中国近代历史上短暂出现，又快速地消失了。

三、新中国成立至改革开放前

1949年10月1日，新中国成立了。基于对国内外形势的判断，在中国共产党带领下，中国开始了社会主义革命和建设。1956年基本完成了对生产资料私有制的社会主义改造，经济上获得了极大发展，不过，受到阶级斗争理念影响，个人对私有财产的积累难以实现，个人私有财产极其有限。但作为以工人阶级领导、以工农联盟为基础的人民民主专政的社会主义国家，通过确立人民代表大会制度、中国共产党领导的多党合作和政治协商制度、民族区域自治制度、基层群众自治制度，新中国为人民当家作主提供了制度保证，为人民参政议政提供了充分的渠道。也就是说，虽然本书探讨范围的公众的其他三个构成条件此时尚不成熟，但政治参与通道却获得了高度保障。笔者在此之所以将西方的政治斗争通道改称为政治参与权利，是因为人民是新中国的所有者，无须再通过斗争的方式获得政治决策权和参与权，这是相较于西方公众的一大不同，也是巨大优势。简而言之，这个阶段政治参与通道的获得为后续公众的发展提供了必要基础。

四、改革开放后至党的十八大前

（一）私有财产：从批判到保护

改革开放使中国进入了全新的发展阶段，社会主义市场经济制度的确立促进了中国经济的高速发展，也使人民私有财产大幅增加。这不仅通过政策，更通过法律予以了确认。在1982年版的《中华人民共和国宪法》中,将1978年版《宪法》原来的"国家保护公民的合法收入、储蓄、房屋和其他生活资料的所有权"改为"国家保护公民的合法的收入、储蓄、房屋和其他合法财产的所有权",并加上了"国家依照法律规定保护公民的私有财产的继承权"的条款,"私有财产"首次进入宪法,标志着私有财产脱离了阶级斗争语境,获得了国家认可。在1988年的宪法修正案中,添加了"国家允许私营经济在法律规定的范围内存在和发展。私营经济是社会主义公有制经济的补充。国家保护私营经济的合法的权利和利益,对私营经济实行引导、监督和管理";1999年的宪法修正案又进一步修改了该条款,规定"在法律规定范围内的个体经济、私营经济等非公有制经济,是社会主义市场经济的重要组成部分""国家保护个体经济、私营经济的合法的权利和利益。国家对个体经济、私营经济实行引导、监督和管理";在2004年的宪法修正案中,该条款被确定为"国家保护个体经济、私营经济等非公有制经济的合法的权利和利益。国家鼓励、支持和引导非公有制经济的发展,并对非公有制经济依法实行监督和管理",同时,另一条款的修改也特别值得注意,即"公民的合法的私有财产不受侵犯。国家依照法律规定保护公民的私有财产权和继承权"。从批判到接受、认可,再到保护,可以说私有财产这一公众构成的基本条件成熟了。

（二）受教育权利:普遍化的优势

在受教育权利方面,中断长达10年的高考于改革开放前夕的1977年恢复了,使中国发展有了源源不断的高素质人才,而且随着义务教育的普及、大学扩招、海外留学等教育机会的扩大,中国的人才结构慢慢呈现出大众化、多元化、国际化的特点。这里需要特别强调的是大众化,受教育权利在中国第一次不再是社会某个阶层或者某些群体的特权。这种受教育权利的大众化同样受到了国家法律的保护,在1982年版的宪法中,第十九条明确规定"国家发展社会主义的教育事业,提高全国人民的科学文化水平。国家举办各种学校,普及初等义务教育,发展中等教育、职业教育和高等教育,并且发展学前教育。国家发展各种教育设施,扫除文盲,对工人、农民、国家工作人员和其他劳动者进行政治、文化、科学、技术、业务的教育,鼓励自学成才。国家鼓励集体经济组织、国家企业事业组织和其他社会力量依照法律规定举办各种教育事业";第四十六条明确规定"中华人民共和国公民有受教育的权利和义务。国家培养青年、少年、儿童在品德、智力、体质等方面全面发展"。大众化的教育带来了民智的普遍开启,也为公众的发展提供了坚实基础。

(三)政治参与通道:平稳且多元

在政治参与方面,作为国家主人的人民拥有经过法律确认的政治参与机会和权利。由于公众本身就是国家主人,所以公众的利益诉求也就是国家的利益诉求,这两者的统一使中国公众相较于西方公众而言,无须通过争取政治决策权的方式来保护私有财产,这极大缩短了公众在中国社会出现所需的时间,也使整个发展过程更为平稳和顺畅,但也正因为如此,中国公众所表现出来的利益诉求更加多元,这也是中国公众的一个特点。

(四)信息传播通道:国家与公众共赢

在信息传播方面,受益于中国的政治体制,公众舆论始终反映的是人民的基本诉求,但以报纸、杂志、广播、电视为核心的大众传播媒体以单向传播为主,能得到的反馈既不及时,数量也有限。这个问题不是中国独有,杜威很早就意识到了这个问题,他说:"除非有方法能测量到正在发生的意见的影响力,且能够通过一个互动的复杂网络追踪到意见的影响力及其效果,否则我们所谓的那个'公共舆论'不管传播得多么广泛,都只能是贬义的,而谈不上是公共的。"[1]在杜威生活的年代,这种"互动的复杂网络"尚未出现,但随着科学技术的不断进步,一种新的信息传输方式出现了,这就是以互联网为代表的数字信息传播技术。

数字信息传播技术不仅使传播领域出现了革命性变化,并且彻底改变了社会的方方面面,形成了一种新的认知世界、组织世界、参与世界的思想与行为方式。对于数字信息传播技术带来的巨大影响,笔者将在后面予以详细分析,在这仅做一个简单概述。数字传输技术首先打破了时间和空间在信息流动中的限制,加速了信息流通速度,模糊了地域差别,使所有人能够几乎在同一时间了解任何地方的任何事情;其次,数字传输技术还打破了中介对信息流动的控制,使人们有了一种能够绕开媒体而直接获知信息的沟通手段,使信息传播中的传受关系变得模糊;最后,数字传输技术还极大扩张了信息的广度和深度,打破了工业社会建立在信息不对称基础上的种种弊端。公众掌握了一种更为快速、更为便捷的沟通方式,不仅使上下级之间的信息流动更为有效,也使同级之间的信息流动范围呈几何倍增长,陈红梅认为互联网"大大增加了普通社会公众的传播能力"[2]。

这种传播能力对于中国的特殊意义在于,以互联网为代表的数字信息传播技术的发展是伴随着中国社会经济发展和政治发展同时发生

---

[1]〔美〕约翰·杜威:《公众及其问题》,本书翻译组译,第183—184页。
[2] 陈红梅:《互联网上的公众表达》,第2页。

的。西方社会的发展可以视为一种线性的发展过程，Brown Jessica说"扩大接触信息传播技术，尤其是接触因特网的途径，是信息时代的一项公民权"[1]，以互联网为代表的数字信息传播技术仅仅给西方公众的这项公民权丰富了一种新手段，奥巴马对社会化媒体的使用、特朗普"推特治国"等现象都是西方公众政治斗争权利和信息传播权利的一种延展。但在中国，随着改革开放政策逐步深入，国家治理能力和治理结构朝着中国式现代化、法治化、规范化的方向不断探索和前进，这又具体表现在对"依法治国"的强调，上文提到的通过宪法的方式保障公众私有财产和受教育权利，就是这方面的一种体现。

基于传统大众传播方式的信息沟通渠道，无论从信息收集的时效性、准确性，还是从直接性上都无法很好满足公众的表达诉求，而以互联网为代表的数字信息技术，不仅实现了公众利益诉求的直接表达，其出现时间正好与中国社会快速发展的时间同步，因此也就成了公众政治参与的重要方式。从这个角度来说，以互联网为代表的数字信息传播技术对公众产生了一种赋权的作用，加速了公众的形成过程，也加强了公众利益诉求的表达。

同时，必须意识到，这种赋权并不仅仅是对公众起作用，对国家来说，一方面需要一个更有效的传播手段向公众传达其政策和法律法规，并收集公众反馈；另一方面，也需要公众对现行的政策和法律法规进行优化，不断推动改革开放深化。一个典型的例子是"孙志刚事件"，2003年3月，在广州打工的湖北人孙志刚因无法提供"暂住证"而被送至收容站，在收容站内被工作人员暴力殴打致死，此事件通过

---

[1] 转引自〔英〕弗兰克·韦伯斯特：《信息社会理论（第三版）》，曹晋、梁静、李哲等译，第135页。

互联网的广泛传播，引起了极大的社会反响和对《城市流浪乞讨人员收容遣送办法》的普遍质疑。几个月后，国家即通过正式流程将该办法废止。在如此短的时间内推动政府实现对现行法律法规的优化，充分体现了以互联网为代表的数字信息传播技术，极大提升了公众在信息传播上的主动性和即时性，大大促进了公众政治参与权利的发展。

五、党的十八大以来

党的十八大以来，中国特色社会主义进入新时代，人民日益增长的美好生活需要和不平衡不充分的发展成为新的社会主要矛盾，高质量发展成为新主题。在以习近平同志为核心的党中央坚强领导下，党和国家面貌焕然一新，社会各方面得到全方位发展。

在私有财产方面，2016年5月，习近平总书记在中央财经领导小组第十三次会议上指出，"对中等收入群体来说，财产权是他们对社会信心的主要来源。保护好产权、保障财富安全，才能让他们安心、有恒心，才能稳定他们的预期"。到2020年，中国人均国内生产总值超过一万美元，尤其是打赢脱贫攻坚战，近一亿农村贫困人口脱贫，历史性地解决了绝对贫困问题，实现了全面建成小康社会。同时，通过调节过高收入和取缔非法收入，中等收入群体不断扩大，特别是农村居民收入增速快于城镇居民，公众私人财产获得大幅提升。

在受教育权利方面，"教育强国"建设不断深入，随着脱贫攻坚工程而持续推进的义务教育保障，以及义务教育均衡发展和城乡一体化，使公众的受教育权利得到充分体现和落实，公众群体的范围持续扩大，教育普及水平实现历史性跨越。

在政治参与通道方面，全过程人民民主的提出，标志着公众政治参与水平的新高度，社会主义民主政治制度化、规范化、程序化全面推进。全过程人民民主使公众能够更充分参与到选举、协商、决策、管理和监督的各个环节，使公众政治参与通道的连续性、整体性、协同性和广泛性得到更好保障，更有效地维护了自身利益，公众的约束性作用和逐利性作用一并获得了更好实践。

在信息传播通道方面，互联网作为公众利益诉求表达的一种重要方式，作用越发凸显，对政府工作的监督作用越发有效，但基于私有平台的信息传播通道在资本控制下，有朝着西方所谓"公众舆论"发展的趋势，出现了所谓"公众舆论"不能有效代表公众真实诉求的现象。此外，对公众个人信息的无差别化收集，使公众隐私权受到严重侵害，并对公众信心传播能力构成反噬，对国家治理能力构成危害。因而，对网络信息安全、个人信息安全、数据安全的重视，使得对公众信息传播能力的保护上升至法律层面，笔者将在后文具体分析。同时，随着中国逐步进入老龄化社会，以互联网为代表的数字化技术对老年群体的技术歧视也引起了高度重视，国家通过法律法规的制定和引导，保障了公众不会因为年龄增长和对技术接受、使用能力的下降，而无法有效用好信息传播通道。

总体而言，中国公众的四个形成条件，在改革开放后逐步完善和成熟，公众群体的数量逐步扩大，尤其是自党的十八大以来，公众约束性作用和逐利性作用的实践基础更为牢固，公众规模及其权利实现了从量到质的重大飞跃。中国公众以一种不同于西方的发展过程，在中国社会中出现了。

第三节 当代中国公众的构成条件、作用及对应权利的关系

中国当代公众的约束性作用和逐利性作用,是通过具体的权利使用得以体现的,这又基于公众构成条件。图2.1展示了中国公众构成条件、作用及权利类型关系。

一、经济权利

具体而言,私有财产和政治参与通道构成了中国公众的经济权利,公众通过出让一定的私有财产展现其经济影响,这种私有财产的积累

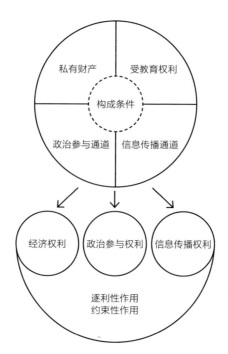

图2.1 中国公众构成条件、作用及权利类型关系

和行使过程，通过公众经政治参与通道而产生的法律予以保障。

二、政治参与权利

私有财产、受教育权利、政治参与通道和信息传播通道共同构成了公众的政治参与权利，虽然政治参与权利与政治参与通道在字面上仅有两字之差，但政治参与权利必须是在四种构成条件同时具备的情况下才能实现的，政治参与通道作为构成条件之一，为政治参与权利提供了基础，但如果没有私有财产的保障、没有通过受教育权利而获得对社会秩序的习得、没有信息传播通道的诉求表达，政治参与权利是无法有效行使的。

三、信息传播权利

同样，信息传播权利也并不是信息传播通道的延伸，其中包括了由受教育权利而获得的信息和知识积累，以及由政治参与通道而获得的法律保障。值得注意的是，信息本身并不是免费的，这种将信息视为可交易的商品的概念得益于香农信息论的贡献，而在数字信息传播技术的推动下，信息的重要性越来越强，其商品属性也越来越明显，这在后面会具体论述，所以，必须清醒地认识到，"信息属于私有产权"[1]，因此，信息传播权利越来越受到私有财产的影响。

四、逐利性作用与约束性作用

在这三种权利的基础上，公众的两大特性得以体现，在逐利性作

---

[1]〔英〕弗兰克·韦伯斯特：《信息社会理论（第三版）》，曹晋、梁静、李哲等译，第194页。

用上，一方面通过公众的经济权利使私有财产持续增加，另一方面通过政治参与权利，遵照宪法要求保障新增财产的安全，同时，也应看到，正是数字信息传播技术的发展，使信息传播权利对私有财产增长速度、幅度和来源的影响越发明显。

在约束性作用上，公众不同的权利类型产生了不同的约束作用，一种是即时性的约束作用，另一种是滞后性的约束作用，这两种约束作用都是由经济权利、政治参与权利和信息传播权利构成的，只是在不同的情景下表现出了不同侧重点，笔者在后续分析中会根据不同情况予以详细说明。

第三章 公众外生性作用及对广告产业的影响

公众在不同产业中发挥影响和作用，是社会发展和产业发展到一定阶段的必然结果。公众在社会发展中的形成，为其在产业中发挥影响与作用提供了可能，而产业自身发展逻辑将这种可能变为现实。

当产业发展到一定阶段，都会朝规模经济方向发展，规模经济产生"是因为较高的产量水平允许在工人中实现专业化，而专业化可以使工人更精通自己的业务"[1]。这与工业社会的大规模生产要求相匹配，企业通过规模化生产能够实现规模经济，产量增加而成本减少，获得更多利润。资本在此时能够起到帮助产业整合和实现规模化生产的作用。

具体到广告产业，作为工业社会专业化分工下出现的营销服务产业，与其他产业一样，当广告产业发展到一定阶段后，由于宏观经济环境发展、国家政策倾斜和企业经营需要，广告产业需要通过借助资

---

[1]〔美〕曼昆：《经济学原理：微观经济学分册（第4版）》，梁小民译，北京大学出版社，2006，第275页。

本的力量，实现产业快速整合和扩张。资本在广告产业发展中起到越来越重要的作用，是广告产业发展的内在趋势。

发展广告学对这一趋势做了准确判断，资本性要素是公众性要素之前的主导要素。因此，要分析公众对广告产业的作用，就离不开对资本与广告产业，以及资本与公众之间关系的研究。在本章中，笔者将先从资本的一般增值方式入手，再回到对广告产业的分析。

一般而言，资本投资企业获得增值有两种方式：一种是利润分红，另一种是股权交易。

第一节 利润分红方式下的公众作用

一、资本增值如何实现

资本通过利润分红来获得资本增值，首先要通过购买股权成为公司股东。购买可在两个场所实现，一个是非公开交易市场，另一个是公开交易市场，即股票市场。利润分红方式下的资本增值，基础是消费者对企业产品或服务的购买，企业通过消费者的购买获得利润，这需要企业本身具有"自生能力"[1]，即实际的经营能力和存在价值。

为实现这种价值，企业需不断优化产品和服务，获得更多销售收入或提升利润率，这两种方法很多时候是同时使用的。更多的销售收入可通过增加销售渠道最大程度覆盖消费者、提供相似产品以满足消费者类似但不相同的实际需求、开展包括广告在内的市场营销行为扩

---

[1] 林毅夫:《中国经济专题（第二版）》，北京大学出版社，2012，第96页。

大潜在消费者规模等方式实现；提升利润率可通过引入新技术降低生产成本、收购或成立上下游供应商压缩交易成本、对同类企业并购实现规模经济、提高内部管理能力降低管理成本等方式实现。资本在这个过程中，能够通过提供资金、资源的方式帮助企业达成这些目标，使企业利润得到增长，资本从中获得利润分红。在这种方式下，资本利益与企业利益一致，资本不但需要企业不断提升专业能力，同时也需要企业长久存续，以使资本的增值过程尽可能延长。

二、公众身份和作用类型

（一）直接即时约束性作用

此时，公众的身份是消费者，通过所谓的货币选票，决定企业获利能力和生存能力，进而决定资本的增值能力。产品或服务的任何一次差错都会直接带来资本损失，特别是在数字信息传播技术如此发达的当今社会，负面信息的传播速度远远超过企业的反应速度，给企业和资本所能造成的损失也比工业时代更为直接，表现出一种即时性，笔者将公众的这种作用称为直接即时约束性作用，它是由公众直接发起的。

（二）间接即时约束性作用

当企业产品或服务本身没有问题，但企业经营行为违反了现有法律法规，如偷税漏税、集体行贿等，此时会由作为公众代表的国家出面对企业予以制裁，这是由公众的政治参与权利推动的，也表现出即时性，只是与直接即时约束性不同，此种即时约束性表现出一种间接性，因此，笔者称其为间接即时约束性作用。间接即时约束性所限制的行为，虽与公众日常生活有一定距离，也不影响公众对企业产品或服务使用，但在宏观层面，这类行为会影响国家作为公众代表和保护者的经济基础，同时也会损害公众的集体利益，特别是通过行贿等方式将公众集体利益转换为某个人或某些人的私人利益时，就与公众本身的逐利性产生了矛盾。与直接即时约束性作用相比，间接即时约束性作用的生效周期较长，这是因为上述行为并不容易直接被公众发现，但一旦被发现，间接即时约束性作用生效时间却非常迅速。这种间接即时约束性作用一旦生效，企业会面临巨额罚款和刑事责任，这就直接影响了资本的增值。

因此，在利润分红方式下，资本必然要求企业更好地去满足公众需求，并规范企业行为。公众对资本的作用是通过其经济权利和信息传播权利体现的直接即时约束性作用，以及通过政治参与权利体现的间接即时约束性作用实现的。

第二节　非公开股权交易方式下的公众作用

通过股权交易实现资本增值的方式，同样需要资本先在非公开市场或公开市场购买企业股票，但由于其与利润分红方式的增值基础不同，所以情况更为复杂。股权交易方式下的资本增值基础，取决于潜在股东对企业未来的价值预期。这种预期建立在多个维度之上，最主要的是经济维度，也包括历史文化维度、环保维度、心理维度、健康维度等。这些不同的维度在不同的股权交易市场所表现出来的影响是有明显差异的。

一、资本增值如何实现

在非公开股权市场上，经济维度的评判标准是现有模式可持续性和新模式可营利性。前者取决于企业产品或服务产生的实际营收和可持续性，这与利润分红方式类似，企业需不断优化产品和服务，但与利润分红方式不同的是，资本不必要求企业优化其产品和服务，更常见的情况是资本要求企业将现有营利模式做到极致，短期内将销售收入快速提升，使潜在股东对企业现有营利模式可持续性的判断更为乐观，以达成股权卖出目的。

在新模式可营利性的判断方面，特别是经济维度上，主要取决于潜在股东对行业前景和公司能力的判断。在非公开市场上，潜在股东基本是以组织形式出现的，即使是个人投资，其所动用的资本规模也远超一般公众所能支配的范围，所以，在非公开市场上对企业新模式的经济判断，是在企业现股东与潜在股东间进行的。这种情况下，资本对企业是否需要长期存续持无所谓态度，甚至对企业是否在一定时期内具有实际价值也持无所谓态度，因为在股权卖出时，资本的增值目的就已经达到了。

二、公众身份和作用类型

（一）即时约束性作用

此时，公众依然是作为消费者出现，行使其经济权利，只要企业提供的产品和服务符合公众实际需要，公众利益不受损害。作为消费者的公众对非公开市场的股权交易并不起直接作用，其作用与利润分红方式下相同，即表现为直接和间接即时约束性作用。

（二）滞后约束性作用

但作为信息传播者的公众，通过公众舆论会间接影响潜在股东在其他方面的判断。企业现股东为促成股权交易，大概率会要求企业在设计新营利模式时更多突出经济维度好的一面，而更少考虑包括历史文化、环境保护等其他维度，这在现股东与潜在股东交易过程中对公众不会产生影响，但是在企业日后实际经营中，对公众却可能产生不利影响，比如更多的污染、对公众身体健康的损伤、对自然资源的过度开采等。只有到了效果实际显现时，公众才能发挥作用，如果企业行为违法，则公众可通过间接即时约束性作用对企业进行制裁，如果企业行为并不触犯现行法律，则公众可以通过自身政治参与权利和信息传播权利，推动法律法规完善。这种通过政治参与权利和信息传播权利所表现出来的约束性作用具有滞后性，而这种滞后的约束性作用对现股东并不起作用，只能作用于潜在股东和企业本身。

在非公开市场上，现股东为促进股权交易可能会采取另外一种常规手段，即进行舆情引导和监控，这种活动会误导公众，使公众不能准确判断行业前景和企业价值，也会间接影响潜在股东的投资判断。在非公开市场上，这种舆情引导和监控活动除非产生了不利于公众的实际后果，否则并不对公众产生直接不利影响。同样，这种情况下公众的约束性作用具有滞后性。

因此，在资本通过非公开股权交易实现增值的方式下，公众的作用主要是直接和间接即时约束性作用，以及通过政治参与权利和信息传播权利行使的滞后约束性作用，而这种滞后的约束性作用短期内对资本的限制能力是有限的。

第三节　公开股权交易市场

一、资本增值如何实现

在公开的股权交易市场上，现股东的诉求，从经济维度上来说，与在非公开市场上是相同的，即需通过企业产品或服务所带来的营收和可持续性吸引潜在股东注意，通过股权买卖实现增值。现股东同样会要求企业通过最大限度发挥现有营利模式的方式来提升企业吸引力，拉高股权价值，获得更多增值收入。

二、公众身份和作用类型

（一）更多重的身份

与非公开市场不同，公开市场上的潜在股东既包括组织，也包括个人，此时，公众表现出了三重身份：第一重身份是企业产品或服务的消费者，第二重身份是企业的潜在股东，第三重身份是舆论的组成部分，即信息传播者。但是，公众的信息传播者身份与在非公开股权市场不同，公众舆论对企业的判断直接作用于公众自身的利益，因此，资本不良行为对公众的影响更为直接。这些不良行为包括在设计新营利模式上对其他维度因素的不重视甚至漠视、对公众舆论的舆情引导和监控，以及对财务数据的包装。以上不良行为，如果公众舆论不能合理准确认清，由于效果的滞后性显现，公众依然会受到利益伤害。

（二）逐利性

同时，另外一种更为即时性的利益关系，也因公众所具有的潜在股东身份表现出来，也就是说，公众基于对行业前景和企业前景的判断，从资本手中购买了企业股权，由潜在股东变为了实际股东。此时公众具有两种利益，作为股东的身份与资本的利益一致，希望通过提升企业估值方式拉高股权价值，获得更高的资本增值收益；作为社会成员的公众，依然会因企业日后可能出现的不良行为受到利益损失。因此，公众内部分裂成了作为股东的公众和作为信息传播者的公众，公众的信息传播权利一方面保护公众的经济权利，另一方面又"损害"公众的经济权利。造成这种矛盾的本质是公众的另一大特性——逐利性。

当然，笔者并不是说当公众成为股东时，其利益就肯定会受损，或者说，并不是所有运用资本的企业都会对公众造成利益损失。资本的目的是增值，企业是否具有实际经营价值、是否会长期存续、其经营能力是否需要提升都是为了资本增值这一最终目的服务的，如果因实现这一最终目的而需要对企业的经营能力进行提升、对新的营利模式进行合理设计，需要企业具备实际经营价值，那么资本是会进行相应准备和投资的。这种情况下，无论是作为股东的公众，还是作为信息传播者的公众，或是作为消费者的公众，其利益不会受到损失，很多时候其利益还会增加。

当讨论资本对企业发展所表现出来的不利一面时，探讨的是一种可能性，而不是一种必然性。但股权公开交易市场为资本提供了通过误导公众、忽视公众未来利益而实现资本增值的机会和场所。因此，在这种资本增值方式下，资本"逐利性"的一面表现得更为明显。

当资本的不良行为对公众产生影响时，公众的应对方式包括：针对违法的行为诉诸法律，对于不违法的行为，一方面诉诸即时的经济权利，即减少对企业产品或服务的购买，或者出售企业股票，另一方面诉诸舆论,通过自身的政治参与权利和信息传播权利,推动法律法规完善。

诉诸舆论的方式对于参与到,或准备参与到公开市场中的企业有极大影响,笔者举两个例子。第一个例子是归真堂活熊取胆事件,2012年2月发生的公众对活熊取胆行为的抵制,使归真堂申请A股上市的计划被政府主管部门暂停。从事件本身来看,参与抵制的公众并不是熊胆的直接消费者,也就是说,归真堂并不是因为产品质量问题被关注,而是因为其经营方式的道德问题被关注,公众在该事件上的利益诉求不是出于经济层面,而是道德层面。随着数字信息传播技术的大范围使用,在这种互动的复杂网络中,公众舆论本身就赋予了公众除了经济方面以外更多的权利,公众的利益诉求不再仅仅通过经济权利予以表达,影响企业发展的不再仅仅是其产品或服务的直接消费者。

第二个例子是魏则西事件,2016年初的魏则西事件对百度造成的负面影响极大,不仅国家网信办成立调查组进驻调查,其股价也出现了连续下跌,仅2016年5月2日一天,百度市值就损失了约54亿美元。在魏则西事件中,对百度的批判来自社会各个方面,但是与归真堂事件不同,这次批判的群体大多是百度的用户。魏则西事件反映出的百度竞价排名模式的问题,直接影响了公众使用体验,同时也反映出公众对百度承担社会责任的期许,这是一种在数字社会中特有的现象。在魏则西事件上,公众的约束性作用既体现在经济方面,也体现在政治参与层面,直接加速了《互联网广告管理暂行办法》的出台。

因而,在公开股权交易方式下,公众所起到的作用一方面依然是通过经济权利所表现出的即时约束性作用,另一方面是通过政治参与权利和信息传播权利所表现出的滞后约束性作用,以及通过信息传播权利和经济权利所表现出的逐利性作用。

三、资本与企业所有者

(一)更为现实的操作

在分析资本两种增值方式与公众关系时,虽然笔者将利润分红和股权交易独立分析,但在实际操作中,这两种方式大多数时候是同时发生作用的,即资本的增值来源同时由这两部分构成,有时资本即使有很高的利润分红所得,也会因为各种原因出售股权,比如需要资金投资新的企业、受各种影响需要退出当前行业(如国家政策限制、国际关系变化等)或者需要变现。当然,除了这两种方式,资本增值的手法还有很多,比如股权质押、对赌、对冲、拆借等,但因对公众的影响与利益分红和股权交易两种方式类似,就不再一一展开分析了。

(二)企业所有者如何实现资本增值

无论是在非公开市场还是在公开市场,资本第一步都是通过购买股份成为企业股东,然后再进行后续的资本运作。但企业所有者是企业发起人,本身就是企业股东,大部分时候还是绝对大股东。企业所有者理论上代表的不是资本,而是企业自身。

从企业角度分析,在两种情况下会需要资本:第一种情况是企业虽然当前经营情况良好,但自有资金不足以支撑企业后续快速发展;第二种情况是企业现有模式具有良好的营利前景但兑现周期较长,企业自有资金不足以支撑到现有模式实现营利,这种情况多见于创业型公司,以互联网企业或高科技企业为主。在这两种情况下,资本的进入可以帮助企业解决实际问题,企业所有者出让部分股权以换取资本,企业所有者的股权实现了增值。

当企业通过多轮资金引入后，企业所有者的股权份额会逐渐下降，但股权价值会不断提升。需要注意的是，笔者在这里讨论的是股权而不是董事会投票权，有些公司的企业所有人为了控制企业发展的方向，会通过协议的形式获得高于其股权比例所应得的董事会投票权，阿里巴巴就曾采取了类似的结构。但是一个正常经营的企业，企业所有者的资本增值应该仅通过利润分红的方式获得，偶尔也会在公开市场上出售不影响其股东地位的少许股票获得部分资金。

正如笔者上文分析的，公开的股权交易市场为资本增值提供了极为便捷的场所和手段，有些企业所有者会通过择机在公开市场出售其所有或者绝大部分股票的方式完成资本增值，实现套现，其所带来的问题与负面影响，与资本可能带来的问题与负面影响是相同的。这种情况在公开市场上更易出现，在非公开市场上出现得较少，因为在非公开市场上，资本进入企业时一般会将企业所有者的权益与企业发展捆绑，从而避免企业所有者的套现行为，当然，这也不是绝对的。

但无论是通过公开市场还是非公开市场，当企业所有者通过股权交易实现其资本增值的时候，就不应该将其视为企业的代表，而应该将其视为资本的一类，公众与其的关系同公众与其他资本的关系是一致的。

第四节 广告产业中公众与资本的关系及其外生性影响

一、公众与资本的关系

（一）资本、公众相继主导广告产业发展的原因

广告产业作为工业社会专业化分工所产生的众多产业之一，在发展到一定阶段后，出现了需要通过资本来实现产业规模化发展的需求，有其必然性。关于资本对中国广告产业，特别是对广告公司的影响，刘志一认为"跨国广告集团利用资本运营实现了在华的全面扩张，取得了市场竞争的优势，也为本土广告公司进行资本运营提供了经验；本土广告公司则利用资本运营实现了规模化经营和集团化竞争，改善了原先高度分散和高度弱小的局面"[1]。WPP可以作为跨国广告公司的代表，通过资本运作实现了业务扩张和核心资源汇聚；分众可视为本土广告公司的代表，在资本推动下成为所在领域的垄断者。

在专业化分工中，广告公司的服务对象是广告媒体和广告主，其价值是协助广告主与消费者建立和维持联系、完成销售。因此，广告公司资本运作与公众没有直接关系，公众与资本的关系与上述一般意义上的公众与资本关系一致。

中国的广告媒体有其特殊性，一方面承担着意识形态引导和舆论方向把控责任，另一方面需要通过市场获取收入，根本要求是社会效益放在首位、实现社会效益与经济效益相统一，形成了"事业编制企业化经营"的现象。在这种情况下，好处是广告媒体获得了一种垄断性资源，尤其在大众传播时代，成了广告主和最终消费者之间主要的

---

[1] 刘志一：《资本运营影响下的中国广告产业发展研究（2001—2013）》，博士学位论文，北京大学广告系，2016，第119页。

信息传播通道；不好的地方是，因为事业编制以及在整个国家管理中所处的重要位置，宣传舆论任务与市场经营要求时常产生不协调。随着社会经济、文化，特别是技术的不断进步，各行各业逐渐开放，媒体行业也出现了新的变化，一方面媒体数量激增，竞争日趋激烈；另一方面，国家认可媒体将不涉及宣传舆论的可经营性资产剥离，成立单独企业进行运营，不少媒体组建企业经营，在公开交易市场进行股权交易。

广告主本身就来自各行各业，所以不存在特殊性。

由于广告产业之前的发展程度，特别是广告公司之前的发展程度还不需要资本介入，所以在资本性要素主导的开始阶段，本土广告公司经历了一个学习过程，而跨国广告公司因在其母国已经历过这一阶段，所以比本土广告公司更快适应了这种发展状态，并凭借这种先发优势，迅速在中国广告市场上取得领导地位。但随着产业的发展以及本土广告公司学习期的结束，这种以资本推动产业和企业发展的方式成了一种发展共识和常态，资本此时起到了它应起的作用，也带来了一系列风险和问题。

因此，不应将广告产业视为一个特殊产业，至少在面对资本运营的时候，不应过分强调其特殊性，不能因为广告产业，或者广告公司没有遇到过，就将其视为一种新的问题。所以，笔者认为广告产业的发展符合一般产业发展的规律和特性，资本在广告产业发展到一定阶段时的介入有其必然性和合理性。因为资本以自身增值为其最终目的，而增值来源是公众，所以公众在资本性要素主导下的产业中变得越来越重要，同样有其必然性和合理性。

（二）公众对资本作用类型的分类

一般而言，公众与资本的关系表现在约束性作用和逐利性作用两个方面。

约束性作用又可细分为通过经济权利和信息传播权利所表现出来的直接即时约束性作用，通过政治参与权利所表现出来的间接即时约束性作用，以及通过政治参与权利和信息传播权利所表现出来的滞后约束性作用，这种滞后的约束性作用常常通过诉诸舆论进而推动法律法规完善的方式影响资本长期发展，规范资本行为，但短期内并不影响资本增值。

逐利性作用主要是通过信息传播权利和经济权利在公开的股权交易市场上表现出来，公众此时作为个体股东的利益诉求与资本的利益诉求一致，都希望实现资本增值，笔者将这种逐利性作用称为个人资本逐利性作用。

图3.1是资本与公众关系的总结。这张图描绘了公众与资本的约束性关系和逐利性关系的基本结构，箭头代表了关系走向，虚线框内是对每层关系的简要说明，法律作为独立的影响因素，放在了整个图的最右侧。但是由于公众和资本的关系非常复杂，图示只能是一种简化，没有在图中标示的部分包括即时性约束关系和滞后性约束关系的区别，股权非公开交易市场与公开交易市场的区别，资本对企业实际价值、专业性追求和存续时长的要求，资本不良行为对公众可能产生的具体影响等，具体可参见表3.1。

二、广告产业中公众外生性影响的分析

因为当前广告产业发展以资本性要素为核心，所以公众对资本的

第三章 公众外生性作用及对广告产业的影响

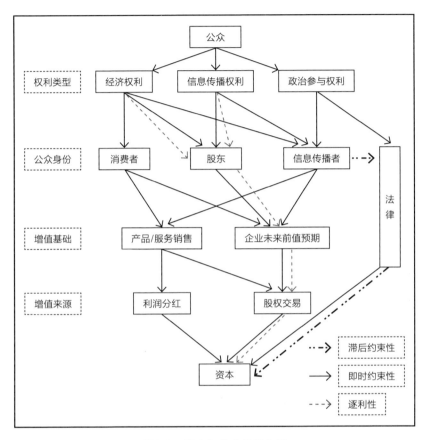

图3.1 资本与公众关系分析

影响也是公众对当前广告产业发展的影响。公众对广告产业的作用也表现在以上这些方面，包括即时约束性、滞后约束性和个人资本逐利性，即时约束性又可细分为直接即时约束性和间接即时约束性。

即时约束性作用和滞后约束性作用都是由广告产业服务结果导出的，也就是说，这些作用只有在公众与广告最终产品接触以后才会发

表3.1 资本与公众关系分析

	资本目的			
	利润分红		资本增值	
增值来源			股权交易	
实现渠道			股权购买	
实现场所	非公开市场	公开市场	非公开市场	公开市场
增值基础	产品/服务销售	产品/服务销售	产品/服务的质量	产品/服务的质量
影响因素			经济方面：现有模式的可持续性、新模式的可营利性 其他方面：心理因素、健康因素、环保因素等	现有模式的可持续性、新模式的可营利性、区域因素、文化因素等
公众身份	消费者	消费者	消费者	消费者 信息传播者 股东
影响方式	产品/服务的购买	产品/服务的购买	产品/服务的购买	产品/服务的购买 公共舆论 股权交易
是否影响企业专业性	不影响	不影响	不一定影响，股权卖出后与资本无关	不一定影响，股权卖出后与资本无关
是否需要企业具有实际价值	需要	需要	不一定需要，股权卖出后与资本无关	不一定需要，股权卖出后与资本无关
是否要求企业长期存续	要求	要求	不一定要求，股权卖出后与资本无关	不一定要求，股权卖出后与资本无关

（续表）

资本目的		资本增值
可能引起的问题	1. 企业不能提供合适的产品/服务，面临被淘汰 2. 垄断	1. 现有模式短期内极致发展，出现产品/服务质量下降 2. 新模式开发时更少考虑其他方面的后续影响，带来环境、资源等问题 3. 进行舆情引导和监控，避免不利信息传播，误导公众舆论	1. 现有模式短期内极致发展，出现产品/服务质量下降 2. 新模式开发时更少考虑其他方面的后续影响，带来环境、资源等问题 3. 进行舆情引导和监控，避免不利信息传播，误导公众舆论 4. 要求企业包装财务数据，误导潜在股东
公众的作用	直接即时约束性作用 间接即时约束性作用	直接即时约束性作用 间接即时约束性作用 滞后约束性作用	直接即时约束性作用 间接即时约束性作用 个人资本逐利性作用

生,因此可以说,这些作用对广告产业的服务生产流程并没有介入,因而这些作用体现的都是公众对广告产业的外生性影响。

个人资本逐利性虽然使公众成了企业的股东之一,理论上有参与企业经营和生产流程的权利,但由于个人所占股份份额极少,大多数时候仅有企业经营和生产流程的知情权(即使这一点在现实中也常常难以实时获得),个人资本逐利性作用并没有能够使公众参与到服务生产流程之中。因此,笔者将公众的个人资本逐利性作用视为公众外生性影响的表现之一。

以上这些作用与公众在中国社会中的权利来源和作用机制高度相关,是中国社会中公众外生性影响在广告产业中的延伸和具体应用。

第四章 公众内生性作用及对广告产业的影响

公众内生性影响同样受社会整体发展的影响，是中国社会中公众内生性影响在广告产业中的延伸。公众内生性影响是由于数字信息传播技术对社会信息传播环境的改变而出现的，在这里，笔者采用了与新增长理论相似的思路，即将技术发展视为影响产业发展的内生性要素，技术的变革引导了社会和产业的变革与发展，而这离不开新信息传播环境的出现。

第一节 新信息传播环境的产生

在这一部分，笔者将重点论述由数字信息传播技术所产生的新信息传播环境对社会和产业的影响，上文中很多未详细论述的地方也将在这个部分进行系统的说明，特别是数字信息传播技术如何改变人们认知世界、组织世界和参与世界的思维方式，并如何在实践中予以应用。

一、从香农谈起

这种新思想的产生，大部分要归功于香农。他使人们意识到，从信息角度而不是从物质角度去认知世界，能够更清晰地发现和解释世界。比如在生命科学领域，香农的信息论使科学家们意识到"处于所有生物核心的不是火，不是热气，也不是所谓的'生命火花'，而是信息、字词以及指令"[1]。这种新视角促进了基因工程发展，并加速了DNA双螺旋结构的发现。

虽然香农构想出了信息论，但这种认知世界的新视角并不是仅仅依靠这一单独理论构建出来的。这种新视角受益于香农同时期的一批伟大科学家的共同努力，包括计算机科学之父阿兰·图灵、控制论发明者维纳、量子力学奠基人薛定谔和相对论发明者爱因斯坦等；同时也受益于前人的科学积累，包括摩尔斯码发明者塞缪尔·摩尔斯、差分机发明者查尔斯·巴贝奇（首先尝试通过机器解决数学问题）、信号塔设计者克洛德·沙普以及机制印刷术发明者谷登堡等。"席勒、哈贝马斯以及吉登斯都确信，信息化是几个世纪以来一直发展的趋势"[2]，而波斯曼更是给这个信息化定了一个开始的时间，他认为"早在16世纪初，印刷机就开创了信息时代"[3]。

（一）一直很重要的"信息"

就"信息"重要性而言，笔者认为以上论述仍显过于保守。依笔者之见，在整个人类历史发展中，信息一直都处于核心位置。

---

[1]〔美〕詹姆斯·格雷克：《信息简史》，高博译，人民邮电出版社，2013，第283页。
[2]〔英〕弗兰克·韦伯斯特：《信息社会理论（第三版）》，曹晋、梁静、李哲等译，第345页。
[3]〔美〕尼尔·波斯曼：《技术垄断 文化向技术投降》，何道宽译，第36页。

第四章　公众内生性作用及对广告产业的影响

在原始社会，人们需要知道的信息包括哪些动物可以捕食、哪些植物可以食用以及如何生火等，这直接关系到人类生存问题，也正是因为人类比其他物种更多地获得并利用了这些信息，使人类在与其他物种的竞争中脱颖而出。到了农耕时期，人们需要知道汛期的信息，这关系到收成，更关系到国家的稳定，所以在古埃及，"计时和预测尼罗河汛期的能力成为权力的基础"[1]。到了封建帝国时代，信息就显得更为重要了，亚伯拉罕·沙普说"远距离传讯是权力和秩序的基本要素"[2]，考虑到每个帝国都幅员辽阔，沙普击中了事实。以秦朝为例，驿站的建立和度量衡的统一同等重要，因为两者都保障了中央能够相对准确和迅速地将信息传递到地方，也能够保障地方的信息及时地反馈到中央，所以，郑永年认为"在很大程度上，治理是一个信息问题"[3]。

信息在军事中的应用，同样能够说明其处于人类发展中的核心位置。因各种原因（主要是利益不均）而起的战争，除了比拼武器的先进程度、将帅的谋略程度和战士的英勇程度外，更主要的是比拼双方对信息的掌握程度。知道对方的作战计划、兵力部署、后勤保障、对方指挥官的性格特征，以及作战区域的天文地理和历史沿革等，都能直接影响战争的胜负。孙子说"知彼知己，百战不殆"，其实就是在强调信息的重要性。而由于阿兰·图灵成功破译了德国纳粹使用的恩尼格玛密码，使德军作战信息完全透明，大大缩短了第二次世界大战的

---

[1]〔加〕哈罗德·伊尼斯：《帝国与传播》，何道宽译，中国传媒大学出版社，2013，第57页。
[2]〔美〕詹姆斯·格雷克：《信息简史》，高博译，第137页。
[3] 郑永年：《技术赋权：中国的互联网、国家与社会》，邱道隆译，第48页。

时间。因此,香农的一大贡献,是让人们对信息在人类活动中的核心作用,有了更加明确、统一的认识。

(二)信息的可测量性

香农的另一个贡献,是赋予了信息可测量性,即赋予了信息一个可测量的单位。香农在《通信的数学理论》中首次使用比特(bit)这个名词作为信息的单位,比特(bit)是英文二进制数字(binary digit)的缩写。这体现出香农的研究受益于前辈积累,因为二进制的观点来自奈奎斯特和哈特利对于电报和电话中信息量与通信信号连续性等方面的研究,哈特利甚至给出了信息量的公式,即:

$$H=nlogs$$

其中H是信息量,n是被传输所用的符号数量,s是符号集的大小,当时他们将s取值为2,因为在电报传输的系统中,只有"点"和"划"两种模式。图灵在研究他的机器时,也选择了二进制作为编程基础,但直到香农正式提出"比特"的概念,信息才真正进入可测量的时代。

在此之前,信息本身没有计量单位,书的单位是本、信的单位是封、唱片的单位是盘,但信息没有单位。这意味着,一方面信息必须依附于其物质载体而被计量,另一方面是各种不同载体上承载的信息不能互通,比如书籍和唱片,所承载的信息被认为是完全不同的东西。但实际上,同一批次印刷的书籍,无论数量多少,其承载的信息量和一本书承载的信息量是一样的,信息量的增减并不会因其物质载体数量的多少而改变。同样,一段话写在纸上和录在唱片上,所传达的信息量也是一样的,并不会因为载体的不同而变样。当然,从麦克卢汉的角度来说,第二个例子是需要商榷的,因为麦克卢汉认为不同媒介的使用本身就传递了不同的信息,"媒介即信息"。

(三)信息的实体性与商品化

香农的第三个贡献,是将信息自身定义为一种物品,而不是虚无缥缈的幻影。

因为信息需要被测量,并且可以被测量,所以要求信息与其物质载体分离,信息本身作为一种客观实体而存在了,也就是信息的实体化。所以,詹姆斯·格雷克说香农所讨论的信息,本质上其实"是某种从一点被传递至另一点的东西"[1]。

这种信息实体化的过程,早在电报发明和使用时就已开始,波斯曼说电报的发明使"运输和通讯首次分离开来"[2],也就是说,在电报发明以后,信息的传播第一次有了自己的传输通道,而不必与实体货物共用运输载体,也就突破了运输载体自身的物理速度上限。这种物理速度上限最早表现在人、马、鸽子等生物体上面,后来又表现在轮船、火车等机器上面。

信息实体化的一个结果,是使信息本身具备了交易价值,不再依附于其物理载体。电报让信息变成了商品,而作为商品的信息,其交易必然遵循市场规律——最有钱的人获得最快、最准确、最有价值的信息,一般人只能获得普通的信息,或者像席勒说的,获得"垃圾信息"。

这些"垃圾信息"主要是"消遣性的娱乐信息和八卦信息,其中罕有具有真正价值的信息"[3]。"垃圾信息"并不是一开始就存在的,因

---

[1] 〔美〕詹姆斯·格雷克:《信息简史》,高博译,第241页。
[2] 〔美〕尼尔·波斯曼:《技术垄断 文化向技术投降》,何道宽译,第39页。
[3] 〔英〕弗兰克·韦伯斯特:《信息社会理论(第三版)》,曹晋、梁静、李哲等译,第191页。

为起初电报费用很贵，但随着信息传播技术的发展，特别是随着广播和电视的出现，"垃圾信息"变得越来越多，也越来越便宜。慢慢地，信息提供者中的一部分人不再依靠信息本身来获得利润，而是通过"垃圾信息"来吸引更多的普通大众，再把普通大众的注意力卖给广告商，这就是大众传播时代大众媒体所采用的"二次售卖"模式。这种模式今天依然适用，只是换了包装而已。

总之，信息的可测量性要求信息与其载体分离而单独成为一种实体，但信息实体化并没有解决兼容的问题，通过广播传递的信息无法直接应用在电视上面，这影响了信息的传输速度和可用范围。

二、数字化带来的变化

（一）更快、更强、更好用

1993年，美国正式批准实施了"国家信息基础设施（National Information Infrastructure）"建设，通过建设信息高速公路来保持和加大美国在世界上的优势地位。人们普遍认为信息高速公路的核心是光纤网络的建设，因为光纤具有前所未有的传输能力。尼葛洛庞帝感叹道："像一根头发丝那样细的光纤在不到1秒钟的时间里，可以传送《华尔街日报》创办以来每期报纸的所有内容。以这样的速度来传递数据，光纤可以同时传送100万个频道的电视节目——大约比双绞线快上20万倍，真是一大跃进！"[1]

除了更快的速度，信息高速公路与实际高速公路的另一相同点，是它们都是双向并发的。传统的电线连接方式虽然允许信息的双向传

---

[1]〔美〕尼古拉·尼葛洛庞帝:《数字化生存（20周年纪念版）》，胡泳、范海燕译，电子工业出版社，2017，第15页。

输,但是这种传输不能同时进行,也就是说,传统的信息传播技术是单行线,很长一段时间还是单车道,而数字信息传播技术可以使信息传输双向并发,小胡同变成了长安街。

这种超强的传输能力容易使人忽视另一更为重要的变化,即信息数字化。信息数字化带来信息可用性的增加,比如,用传统技术传递1页传真的时间,现在通过光纤,可传输100万页传真,但除非每一页内容完全相同,否则任何新的信息使用都涉及信息转录。这需要大量的时间和精力,也就使传输通路效率提升的价值打了折扣。而信息数字化大大缩短,甚至是去掉了信息转录时间,加快了信息周转率,使信息使用变得更有效率,也使同样的信息占用的空间更少。所以,信息数字化在改变世界方面比光纤更为重要,信息数字化才是数字信息传播技术的核心

(二)什么是数字化

所谓数字化,尼葛洛庞帝认为是信息的比特化,比特本身"没有颜色、尺寸或重量,能以光速传播。它就好比人体内的DNA,是信息的最小单位。比特是一种存在的状态:开或关、上或下、入或出、黑或白。出于实用目的,我们把比特想成'1'和'0'"[1]。文森特·莫斯可提出"数字化是指把文字、图像、动画以及声音的传播转变为一种共同的语言……与总体上以模拟技术为基础的更早的电子传播形式相比,它大大提升了传播的速度和灵活性。模拟技术通过将传播转变为一种适合电子处理和传输的形式来模拟传播……而数字化系统则把声音信号真正地改变为0和1这种常见的代码,这已经成了电子传播的通

---

[1] 〔美〕尼古拉·尼葛洛庞帝:《数字化生存(20周年纪念版)》,胡泳、范海燕译,第24页。

用语言……数字化技术会根据不同的网络特性处理和传输大小不同的数据包"[1]。

综合上述观点，笔者认为**数字化**，是将文字、图片、音视频和各类信息按照以"0"和"1"为代码的编码方式编码或重新编码，成为以比特为基本单位的可编辑、存储、压缩和传输的电子信息流的过程。这种以比特为单位的电子信息流，解决了信息实体的兼容问题，大大提升了信息的可用性。数字化使得同一条信息可以被不同的使用者通过不同的技术进行编辑和储存，再通过不同的媒介技术进行传播，真正发挥了信息高速公路的作用，使信息高速公路实现了"以光速在全球传输没有重量的比特"[2]的设计初衷。

（三）公众逐利：信息以人为本

所有科技发明的终点是为人类提供服务，帮助人类更好地生存。也就是说，科技和知识发展如果不能最终促进人类利益，那这种发展本身是没有意义的，人类只会为对自身有利的发展提供支持。这种支持既包括通过政治参与权利和经济权利授权国家和政府开展的技术研发与资助，也包括通过信息传播权利对特定技术方向的影响。所以，任何技术的发展都离不开公众的支持，而公众是利己的，这是公众逐利性与客观条件限制互相作用下的必然选择。这种观点可能会引起一些人不适，但参考一下互联网的前身阿帕网（ARPANET, Advanced Research Projects Agency Network）的发展过程，以及各国对太空研

---

[1]〔加〕文森特·莫斯可：《数字化崇拜：迷思、权利与赛博空间》，黄典林译，北京大学出版社，2010，第145页。

[2]〔美〕尼古拉·尼葛洛庞帝：《数字化生存（20周年纪念版）》，胡泳、范海燕译，第3页。

第四章　公众内生性作用及对广告产业的影响

究的巨额投资，就会认同卡斯特的判断，即"国家才是信息技术革命的发动者，而不是车库里的企业家"[1]。

所以，必须认清公众逐利性对技术发展的促进和约束作用。对于数学、物理、量子力学等领域，虽然其研究周期很长，但其产出会对人类生活各个方面都产生巨大影响，所以公众并不要求短期的回报；而对于有些领域，需要通过快速发展、快速反馈、快速纠错的方式推进，其产出必须要有立竿见影的实际效果，这主要集中在与公众日常生活息息相关的领域，比如吃、穿、住、用、行等。在这些领域中，信息一方面指导了旧错误的修改，另一方面又产生了新的知识。

（四）重要的信息可用性

有必要对信息可用性的重要程度再次予以单独说明。

数字生活空间与现实生活空间都依赖信息而运转的事实，使两者之间将变得越来越难以区隔，数字生活空间对现实世界产生影响，并不是因为它独立于现实世界之外，而是因为它成为构成现实世界的一部分。由数字信息传播技术引起的变革是对整个社会的重塑，是对现实世界的扩展。陈刚认为"数字生活空间是现实生活的延伸……但另一方面，数字生活空间又同现实生活有区隔……数字生活空间发生的变化反过来又会对现实生活产生影响"[2]。比如，微信将现实世界中的关系转移到数字生活空间中，而陌陌是将数字生活空间中的关系转移到现实世界中。这种转移并不是单向的、区隔的，微信并不只是将现实世界的关系转移到数字生活空间，也允许公众在数字生活空间中进

---

[1]〔西班牙〕曼纽尔·卡斯特：《网络社会的崛起》，夏铸九、王志弘等译，第81—82页。
[2] 陈刚、沈虹、马澈、孙美玲：《创意传播管理——数字时代的营销革命》，机械工业出版社，2012，第11页。

行关系扩展；陌陌也不是只在数字生活空间中搭建关系，同时还可以在现实生活中将这种关系变成面对面的人际交往。

现实世界和数字生活空间的边界模糊与融合，将不仅限于社交网络，而是会慢慢扩展到公众活动的所有领域。因此，信息可用性的增加就显得更为重要，与此相对应，其他特质必须为信息可用性让路。信息可用性会打破一切阻碍信息流通的围墙，不管是实体围墙还是虚拟围墙。但可惜的是，这一点常常被忽略，比如在电视领域，尼葛洛庞帝在分析美国电视数字化转型时，认为"视频工程师开始研究数字化电视时……为图像分辨率、帧频、屏幕高宽比和交错描述等问题争论不休，而不是把它们当成可变的因素……遵奉的是模拟世界的教义，对数字化的原理则视若无睹"[1]，电视行业管理者和从业者没有想清楚的是，信息如果不可用，那就不会有人去用，没有人用的东西何必要做外部美化呢？

三、新信息传播环境的产生

数字信息传播技术提高了信息可用性，突破了信息实体的兼容限制，而光纤网络的建设也使得信息的双向并发传输速度快速提升，配以计算机存储和运算能力的提升，这三者的共同作用首先是改变了信息收集和分析方式，然后改变了信息使用方式，继而改变了信息生产方式，创造了新的信息传播环境。

（一）信息收集和分析的改变

经过数字化处理的信息，使原本由不同来源、不同媒介带来的信

---

[1]〔美〕尼古拉·尼葛洛庞帝：《数字化生存（20周年纪念版）》，胡泳、范海燕译，第208页。

息可以放在一起分析。在数字信息传播技术普及前，对于同一个人的分析研究是割裂的，最直观的例子体现在对个人媒体使用习惯的调查上，一个人读报或者买杂志的信息掌握在报社、邮政公司或报刊亭手中，电视收视率由数据调查公司或有线电视网络公司提供，广播收听数据调查公司也许知道（也许不知道），至于上网情况就只有电信公司和网站能够检测到了。当然，更糟的情况是如果这个人不是调查样本之一，关于他的记录就是0，或者他是电视的调查样本，但不是广播的调查样本。这些情况都足以让整个分析陷入混乱和无效之中。

这并非有意夸大，2009年笔者在英国学习期间，所在研究小组承接的一个课题，就是帮助英国某主要数据调查公司研究如何使不同源数据的分析变得更有效率。彼时，该调查公司承担了英国有线电视收视率调查的工作，通过分布在全英国不同地方的几千个收视仪来制作收视率表；同时，该调查公司还承接了BBC广播业务的调查；此外，该调查公司还有互联网统计的业务。该调查公司当时面临的主要问题就是如何更有效地收集和分析这种跨媒体（cross-media）、跨平台（cross-platform）的混合数据，该调查公司发现仅对某一类群体或者某个样本的分析就会耗费大量人力和时间，其中很大一部分都消耗在使不同源信息标准化上。研究小组经过分析，认为第一步就是将所有信息数字化，并通过计算机程序，组成knowledge hub（知识中心），由计算机通过一种整体性方法（holistic approach）对数字化后的信息归类和分析。现在来看，研究小组在一定程度上切中了问题的关键。在新信息传播环境下，信息需要从一种整体性的视角被分析和观察，数字信息传播技术使之前信息收集和分析方法的局限性变得越来越明显，信息数字化势在必行。

除了对已有信息收集和分析方法的优化，数字信息传播技术带来的另一个变化，是扩大了信息的收集范围，使许多曾经无法收集或被无视的信息变得重要起来。比如对一个小区所有住户用电习惯的统计，之前，电力公司可以统计出每个住户的用电量，但对这些用电量是如何分配的却难以知晓，通过信息数字化，这些之前无法统计到的信息可以使电力公司开展咨询服务，向电器厂家提供产品改进意见，也可以向住户提供合理的用电建议，还可以在不同时段向不同小区配送不同的电量，这对改善生态状况，实现碳达峰、碳中和尤为重要。又比如对一所学校所有学生论文引用次数的统计，一方面可以指导学校图书馆的购书计划，用有限的资金购买真正有利于学业精进的书籍；另一方面也可以帮助教师更好地制订教学计划，看是否需要在现有的教学方案中引入更多不同的观点和思路。其他的例子还包括对于司机驾驶习惯的分析，汽车厂商之前可以统计每个司机多久换一次轮胎或者做一次保养，但统计不出产生固定频次的原因。现在，伴随着数字信息传播技术的发展，汽车厂商不仅能够知道每个司机使用汽车的方式，搭配上卫星定位，汽车厂商甚至能知道哪些路段对轮胎的磨损更大，这使得汽车厂商也具备了向路政部门和每个司机提供咨询服务的能力。

这种例子不胜枚举，数字信息传播技术的发展，使信息以一种前所未有的方式被收集起来。不同源信息现在能够互相兼容，且所有的收集和分析工作由机器来执行，这不仅解放了人类，也使得以抽样为基础的传统统计分析方法变得日趋衰落，0.01%的误差率现在都变得让人难以接受。但这种误差的消除仅能针对已有信息的分析，而不是判断未来，笔者在后面会具体分析。

（二）信息使用的改变

当信息收集和分析方式被改变后，信息的使用方式也必然跟着发生改变。上面已经举了几个例子，即新的信息收集和分析方式的变化如何影响组织（企业、学校和政府等）现有运营模式，如何创造新的运营领域和运营方式。

公众同样被这种趋势影响和改变。公众是信息的提供者，现在更是信息的使用者。数字化的信息、双向并行的传播网络加上全量数据的收集，使公众通过使用信息能够更方便了解自己和社会。比如对个人花销的统计和身体状况的监测。传统的花销统计方式需要自己先记录，然后再统计，既费时又费力，还容易漏记，现在，这些工作交给了银行和在线支付工具后台的计算机，通过"录入即分析"的方式，可以随时按需反馈花销统计，帮助公众提高资金使用率或者发现自身不良习惯。同样，对于个人健康的监测也更为精细，之前，如果医生告诉病人需要多运动，那很多情况下可能达不到治疗效果，因为"多"和"少"是一个相对概念，现在，医生可以根据每个病人的年龄、体重、心肺能力等指标来计算出每天的运动量，并且能够监测病人每天是否达标。

大到宏观经济变化，小到个人年度税费清缴，经过数字化处理，信息可用性大大提高，这导致专家群体的衰落。之前，专家很大一部分的工作是统计信息并得出结论，现在，任何一个公众都可以通过公开渠道获得直观信息，而不必花大量时间在图书馆里一本一本地翻阅年鉴。计算机不仅收集和统计了信息，还能够根据公众使用需要进行不同维度、不同类型的分析，数字信息传播技术的发展使每个公众都变成了专家，对同一种数据产生不同的解读。上一次出现类似情况要追溯到中世纪的欧洲，印刷机的使用普及促进了《圣经》流通，使个人与上帝之间不必再通过教会而产生了直接联系，导致了宗教改革。这一次，每个公众都可以不必通过专家而直接了解社会运行情况，这不仅使专家的权威性受到了质疑，而且使大众媒体作为主要甚至是唯一信息供给者的地位受到了毁灭性打击。

（三）信息生产的改变

这些新的信息使用方式，进一步改变了信息的生产方式。这涉及信息生产的不同维度。首先，从信息生产源来说，之前，公众仅仅是被动的信息采集来源，现在，公众不但能够提供更为全面、更为准确的信息，同时基于自身和他人的数据，公众又不断产生新的信息，表现出了其生产性的一面，比如微博。这些由公众生产出来的信息反过来又会促进其他公众生产更多的信息，韦伯斯特说："人们用事物和关系去展示自己，从而生产出更多信息。"[1]大量涌现的自媒体是典型代表，这改变了传统的信息传受关系，进一步削弱了大众媒体，加强了公众的信息传播权利和政治参与权利。

其次，传统人际交流方式所产生的信息，如面对面交谈、信件、电话等，因传播载体限制，既无法统计，又互不兼容，而通过数字信息传播技术，大量隐性的信息显性化，呈现出了一种井喷式的场景。

最后，各种新的使用方式也产生了新信息，一类是基于新的信息活动所产生的信息，比如网络人际间交流，典型代表是微信；另一类是关于信息的信息，比如信息搜索，典型代表是百度，之前，很多信息公众不会、不想或不能知道，例如，极少有人会为了偶尔做饭去图

---

[1]〔英〕弗兰克·韦伯斯特：《信息社会理论（第三版）》，曹晋、梁静、李哲等译，第105页。

书馆查菜谱,现在,搜索引擎提供了一种极为便捷的信息获取方式,小到如何花式系鞋带、怎样快速叠衣服,大到在线导航、餐饮或电影评价等,都是新产生的信息,数字信息传播技术使公众的求知欲变得难以抑制,而这些关于信息的信息,尼葛洛庞帝认为"其价值可以高于信息本身"[1]。

(四)信息的动态循环

不应将信息收集和统计、信息使用及信息生产的改变视为一种单向的循环体系,从上面的例子可以看出,这三个方面处在一种动态的、互相影响的状态。新的信息收集和统计方式更为全面和精确,为传统使用方式的优化完善和新使用方式的产生提供了基础。这些使用方式上的变化,不仅对信息收集和统计提出了新要求,同时也改变了信息生产方式,释放了传统上作为信息接收者的公众的信息生产能力,使关于信息的信息变得越来越多,也越来越重要,进而一方面要求更优化的信息收集和分析方式,一方面丰富和创造了更多的信息使用类型。这个动态的循环需要足够的存储空间、高速稳定的传输通道和大规模高频次的运算能力,这进一步刺激信息可用性、信息传播速度及信息使用效率提升,呈现出螺旋上升的发展趋势,冲破了传统信息传播的藩篱。因此,信息收集和统计方式的变化、信息使用方式的变化、信息生产方式的变化,共同构成了新的信息传播环境。

四、公众与新信息传播环境的关系

在这种新的信息传播环境中,公众承担三种不同角色。

---

[1]〔美〕尼古拉·尼葛洛庞帝:《数字化生存(20周年纪念版)》,胡泳、范海燕译,第151页。

（一）作为信息提供者的公众

首先，公众是信息的提供者，这种提供既包括被动提供，也包括主动提供，更多时候是这两种的混合，比如通过浏览器上网所产生的信息、通过在线地图导航所产生的信息、通过团购网站消费所产生的信息，都是公众的主动提供。在整个信息交互过程中，所伴随产生的其他信息就是公众的被动提供，说被动也许不恰当，因为这些信息是伴随主动信息产生的，很多时候公众并不知道这些信息的存在。

公众行为是推动整个信息传播循环的起点，一旦推动起来，循环自身会产生一种动力，足以维持循环在一定时间内转动，但并不是说一旦循环开始，公众就无关紧要了，这个循环想转动得更长久、快速、有效，就需要公众持续不断地主动提供信息。今日头条就是典型的例子，公众设置兴趣爱好，是第一次主动信息提供，通过后台计算机分析筛选，今日头条将符合公众爱好的新闻推送给公众，此时公众会进行第二次主动信息提供，即在所有推送的新闻中选择部分来进行浏览，这些浏览数据返回到后台计算机，经过分析后用于下一次优化，这个循环进行的次数越多，后台计算机的运算结果就越准确，就越能提供符合公众需求的新闻，并根据结果推荐给公众一些其可能感兴趣的类似新闻。反之，如果公众在进行了第一次主动提供后得不到满意的结果，那么整个信息传播循环就会停止，而且基本不会再有重新启动的机会，因为相似的循环有多个竞争者，公众一旦选定其中一个，就很难进行更换。所以，公众的信息提供者身份可以视为公众经济权利的延伸，公众所能提供的信息就是一种新的货币。

（二）作为信息使用者的公众

公众的第二个角色是信息的使用者，这种使用是以符合公众自身利益的方式进行的。公众的这种利益追求,并不仅限于实物追求,也包括其他方面的诉求,比如道德诉求。笔者在上文中列举了归真堂活熊取胆的例子,用以说明公众对资本的影响,并指出对于企业来说,影响其发展的已不再局限于其直接消费者,这也证明了作为信息使用者的公众,可以通过信息使用来追求自身利益,达成目的。归真堂活熊取胆是一方面的信息,归真堂计划上市是另一方面的信息,公众通过对不同来源的信息进行综合使用,实现了自身道德诉求的满足。

另外一个例子是公众对于视频信息的使用。经过数字化处理后的视频信息,本身具有可编辑性,这为打破电视、广播等大众媒体的线性播出提供了可能。这种可能性一方面体现在对不同的视频信息非线性编辑使用,另一方面体现在对同一视频信息不同画面单元(帧)的非线性编辑使用。前者促成了包括优酷、爱奇艺等在线视频网站的兴起,在这些视频网站上,公众可以按照个人喜好选择适当的视频进行播放,而不再需要按照时间表去被动地收看/收听;后者比如网络监督,公众通过掌握的信息传播权利,利用截图或抽取关键帧的方式,在现有信息传播体系外组建了新的信息传播活动,典型的例子包括因抽天价烟被调查的南京市江宁区房产局原局长周久耕、因不雅视频被调查的重庆北碚区原区委书记雷政富、因戴名表和不恰当场合微笑被调查的陕西省安全生产监督管理局原局长杨达才,以及"我爸是李刚"的主人公李启铭、微信朋友圈高调炫富的周劼等,这些人在原有的信息传播体系中很难被发现,或者即使被发现了,其影响范围也往往很有限,然而,在新信息传播环境下,公众不仅能够发现这些问题人物,还能通过使用信息传播权利将之扩散。所以,公众的信息使用者身份是一种对自身利益诉求的实现,这种诉求一直都有,只是之前的技术无法满足，而在新信息传播环境下，公众作为信息使用者的主动性被解放了出来。

（三）作为信息生产者的公众

公众的第三个角色是信息生产者。公众作为信息使用者，本身就产生了新的信息，这可以视为一种伴随性的信息生产，比如在视频网站上的个性化播放列表，也就是关于信息的信息。公众作为信息生产者更主要的表现方式，是以自媒体的形式参与到信息传播活动中，此时的公众是信息传播过程中的一个新起点，而不再是大众传播时代的信息终点。这种起点作用加强了公众的信息传播权利，比如2005年胡戈根据陈凯歌电影《无极》重新编辑而成的《一个馒头引发的血案》，当时引起的关注度甚至超过了电影本身，直接带动了用户生产内容（user generated content，UGC）在中国的快速发展；再如抖音，公众通过在限定时间内编排展示自身特长、爱好、技能，甚至仅仅是记录日常，就使得短视频成了公众消耗时间的最频繁形式和广告市场中成长最快的种类，这充分展示了公众作为信息生产者所起到的作用。

（四）公众身份的动态关系

同样，不应该将公众的这三种角色割裂开来，上面的分析也清楚地展现了信息提供者、信息使用者、信息生产者之间的紧密联系。数字信息传播技术越发达，这三种角色就越紧密，甚至会合而为一，因为这使公众的利益诉求得到更直接、快速、准确的反映和满足。"技术变革不是数量上增减损益的变革，而是整体的生态变革"[1]，公众逐利性促进了技术发展，新的信息传播环境改变了社会的运行和发展轨迹，

---

[1]〔美〕尼尔·波斯曼：《技术垄断 文化向技术投降》，何道宽译，第9页。

而公众是其核心。

总之,信息收集和统计方式的变化、信息使用方式的变化、信息生产方式的变化,共同构成了新的信息传播环境,这一切又是建立在由信息数字化带来的信息可用性的提升、由光纤为代表的传播网络优化所带来的信息传播速度的提升,以及由计算机存储和运算能力优化所带来的信息使用效率的提升的基础上的,而这一切的核心,是作为信息提供者、信息使用者和信息生产者的公众。图4.1对这种关系结构进行了简单的展示。实线是新信息传播环境的构成要素,虚线是作用于新信息传播环境的内外部因素,这些因素互相之间处于一种双向、动态的状态中,公众处于其核心位置。

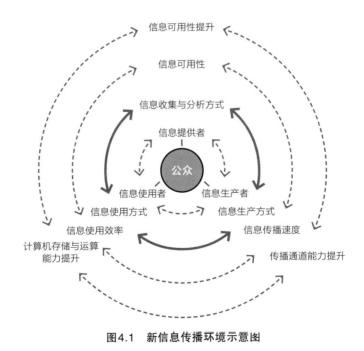

图4.1 新信息传播环境示意图

第二节　新信息传播环境下广告主的变化与发展
——服务代工与品牌重塑

广告产业作为一种高度依附于社会发展的产业，必须根据社会的变化而调整自身，所以当新信息传播环境变化引起了社会整体变革时，广告产业也必然面临着调整和改变，特别是广告产业的主要运营模式就是进行信息生产和传播，这种调整和改变就显得更为必要和必须了。笔者将对广告产业不同主体的调整和改变分别进行分析，首先是广告主。

一、服务生产权利的转移

（一）好坏难判的公众需求

从广告主的角度，虽然数字信息传播技术带来了前所未有的机会，但也带来了更多限制和要求。现在，广告主可以更直接触达公众，了解公众对产品或服务的意见，更有效地改进产品或服务以获取更忠实、更大规模的公众。但工业社会基于大规模生产和销售的商业模式有其好处，广告主可以通过控制消费者选择范围，来控制生产成本。现在，作为信息提供者的公众不仅提供了对于选择范围内产品或服务的意见，还提出了选择范围外的新需求。这种需求既包括产品需求，也包括服务需求，实际上，从需求角度来看，产品只是服务的一种形式，"人们对服务的需求经由商品满足"[1]。在工业时代，这种情况是广告主可望而不可求的，但在新信息传播环境下，新需求的提出是即时、快速、

---

[1]〔英〕弗兰克·韦伯斯特：《信息社会理论（第三版）》，曹晋、梁静、李哲等译，第67页。

主动和无规律的，要求广告主必须对信息进行实时监控。

这改变了工业时代由广告主主导的生产模式，生产主导权由供给侧转移到了需求侧，转移到了作为信息提供者的公众手中，公众表现出了一种新的作用，即生产性作用，公众对广告主的影响突破了单一信息层面，进入了服务生产流程。对广告主而言，这种生产权利的转移难以判断是于己有利还是于己不利，但不管是有利还是不利，广告主都必须应对这种改变，因为这对作为信息提供者的公众有利，这些公众手里除了掌握着经济权利，还掌握着信息传播权利和政治参与权利。

（二）人机共用的信息监测

正是这后两项权利，给广告主设置了更为严格的限制。这首先表现在更为苛刻的服务（包括产品在内的服务）要求。典型例子是三星Note 7手机爆炸事件，该手机在韩国上市后不久即出现爆炸情况，信息传回国内，三星中国表态在国内销售的Note 7手机因采用不同电池供货商，不存在爆炸风险，并在韩国召回Note 7手机的当天，在中国发布了该款手机国内版。然而，Note 7手机在国内开售后，也出现了多例爆炸事件，三星一方面指挥三星中国回应称产品没有问题，更打算起诉中国用户造谣；另一方面却在其他国家暂停销售该手机。三星的做法受到广泛批评，公众一方面发挥信息传播权利，使三星的质量问题和服务问题快速传播开来；另一方面行使政治参与权利，深圳市消费者委员会通过公开质询函的形式向三星提出质疑，此事件最终以三星中国公开道歉、召回所有已售Note 7手机并停产而告终，三星的市场份额自此一落千丈。这个例子充分展示了在新信息传播环境下，公众如何通过经济权利、信息传播权利和政治参与权利对广告主进行严格要求，以及广告主因未能达到公众要求所面临的后果。整个过程中，全国一共有6例Note 7手机爆炸事件，在大众传播时代，这不一定引起大众媒体注意，即使引起了注意，三星中国也可以通过广告公司和资金来控制信息传播范围，但在新信息传播环境下，由于信息生产权很大一部分集中到了公众手中，这种传统的风险控制模式越来越难以奏效。

同时，新信息传播环境下，并不是保障了服务质量，就能使广告主免于公众约束，因为影响企业发展的不再仅仅是其服务的直接消费者。这可以通过另外一个例子加以印证，即PX项目遭抵制事件。PX是对二甲苯（para-xylene）的英文首字母缩写，其主要用于材料、涂料和农业等的生产。因为担心PX工厂建成后对居民健康和环境的不良影响，自2007年开始，厦门、成都、大连、宁波、昆明、漳州、茂名等城市都出现了反对PX项目建设的活动，最终都使当地政府和PX企业停止或暂缓了PX项目的建设工作。可以看出，在新信息传播环境下，随着公众信息传播权利和政治参与权利的加强，广告主必须更谨慎地对待和处理公众不同的利益诉求，主动参与，并以7×24的工作频率实时对公众生产的信息内容进行监测，鉴于生理需求人必须进行饮食和休息活动，因而必须依靠计算机的运算能力。

总之，在新信息传播环境下，服务生产权利从供给侧的广告主手中转移到需求侧的公众手中，公众内生性影响下的生产性作用日趋重要，同时，通过经济权利、信息传播权利和政治参与权利，公众对广告主提出了更为严苛、全面的要求，并能够通过权利的综合使用惩罚广告主不良行为，这又是公众外生性影响的体现。这两个方面都要求广告主不能再将信息传播的参与假手于广告公司，而是必须主动参与，并在计算机的帮助下保持全天候的实时监测和反馈。

二、作为服务代工厂的广告主

（一）为了自身利益的反思

生产性作用与公众逐利性作用有关，因为广告主提供的服务最终是为了满足公众需求，公众可以通过不停地反馈来改善广告主现有服务的质量，使其无限趋近于公众的要求标准，这个循环就是韦伯斯特所说的"至关紧要的反思进程，其构成与原件就是信息，反思本身实际上以连续监控程序、产品和销量为基础，持续地进行决策和改进"[1]。

公众对这个反思进程的参与是为了获得更好的服务，是为了满足自身的逐利性需求，而不是为使广告主获得更多的收益。这一点至关重要。在这个反思进程中，公众的反馈信息指导了广告主的服务生产和优化过程，这是生产性作用的一个表现方面，即对现有服务提供生产性的反馈意见。

（二）新需求与新生产方式

生产性作用的另一个表现方面，是公众对新服务类型的个性化需求。将公众的消费选择控制在一定范围内，是工业社会的客观条件限制作用于供给与需求两端。在需求端，公众的个性化需求无法有效表达；在供给端，线性的生产流程需要大量的前期投入，更重要的是，因为需求的不确定性，原材料的组织过程会导致库存成本增加和无谓损耗，因而广告主必须通过限定服务范围的方式来控制成本和提高利润。

---

[1]〔英〕弗兰克·韦伯斯特：《信息社会理论（第三版）》，曹晋、梁静、李哲等译，第116页。

在新信息传播环境下，公众作为信息提供者，能够更为完整地表达自身需求，广告主可以更为直接地接收这些需求信息，组织材料，进行生产。对服务范围的限定会导致无法满足公众需求，进而导致公众流失，因此，广告主需要根据公众需求重新组织新的生产方式和生产流程。这种根据公众需求指导生产的方式，是后福特主义的主要特征，韦伯斯特指出"一个典型的后福特主义企业组织在接到顾客的订单后，就会将其特殊的要求发送到工厂，机器设置好生产程序，配备复合型人力资源到需要适应性的快速生产中以满足个人独特的要求进行组织计划"[1]。在这整个生产过程中，公众提供的需求信息处于核心位置。

这种新的生产方式已逐步在实践中得到应用，第一类是"通用型产品+个性化设计"，如手绘白T恤、专属红包等，是最基础的生产权利转移。第二类是"通用型模块+个性化生产"，比如耐克公司推出的"Nike by you"服务，在已有鞋款的基础上，耐克将鞋的每个部分拆分成不同模块，如鞋带、鞋舌、鞋底、鞋标、鞋腰、鞋尖、鞋面、鞋身和内衬，每个模块可以选择颜色和材质，使公众对服务生产环节的介入更深，同时，公众设计的新样式也会在耐克网站上展示，方便其他公众定制同款。第三类是"个性化设计+个性化生产"，即个性化规模生产模式，由公众自发设计产品，广告主进行生产，海尔曾推出交互定制平台——众创汇，尝试让"用户可以在众创汇上提出自己的需求和创意，与平台优秀设计师一同参与到产品设计、定制整个过程中，并且有海尔丰富的模块商资源以及强大的研发资源共同加入，将用户

---

[1]〔英〕弗兰克·韦伯斯特：《信息社会理论（第三版）》，曹晋、梁静、李哲等译，第102页。

创意变现成真实有温度的产品"[1],但似乎并不成功,因为真正的个性化规模生产并不是针对某个广告主的生产流程改造,而是涉及一系列的产业模式调整,例如,假设笔者想要一台蝙蝠侠形状的海尔洗衣机,除受到现有工业生产水平的局限外,还受制于其他资源供给方,海尔需要和蝙蝠侠形象的版权方公司进行授权谈判和购买,这将耗费大量时间,所需授权使用费也不是某一款产品能够支撑的。

但必须认识到,新信息传播环境的影响不会仅限于某一个方面或仅适用于某一类群体,而是对整个社会产生的整体性调整,这种影响会逐渐渗透到社会生活各个方面,带来现有所有模式和行为方式的变化。正如笔者想要蝙蝠侠形状洗衣机一样,在新信息传播环境下,当笔者提出需求时,海尔可以根据笔者的需要,向版权公司购买蝙蝠侠版权的单次使用权,根据笔者希望的尺寸、性能、颜色进行生产,这种按需按次提供个性化定制服务的模式将是未来广告主所使用的主要生产模式。"供应将建立在个人的基础上,而不再是集体供应。"[2]

(三)普罗大众的个性化生产

有必要对一种可能的误解予以预先解释,即按需按次的定制化服务并不是新信息传播环境下的新商业模式。一直以来,各行各业都存在这种模式,比如定制衣服、皮鞋、汽车、游艇等,个性化的定制服务本身并不新鲜。真正使个性化定制服务成为未来主要生产模式的原因,是新信息传播环境使需求方信息能够更准确地被收集与分析,所获结果经计算机运算处理后,由传播网络实时将所需资源传递给不同

---

[1] "关于我们-关于众创汇",http://diy.haier.com/pc/article/detail#23,访问日期:2017年03月10日。
[2] 〔英〕弗兰克·韦伯斯特:《信息社会理论(第三版)》,曹晋、梁静、李哲等译,第348页。

资源供给方，资源供给方按需提供资源，因而生产成本大幅度降低。

这种生产成本的降低体现在几个方面，首先，由于信息可用性的提升，广告主所需承担的库存成本减少了，因而由库存所带来的资金占用得到了释放；其次，由计算机主导的信息收集、分析和生产监督，降低了广告主所需承担的人力成本，这不仅意味着更少的成本支出，作为固定资产投入的计算机和自动化生产设备还可通过折旧摊销方式计入多个年度，使每个年度的报表利润上升，对于在公开市场发行股票的广告主而言，绝对是利好消息；最后，传播网络的高速信息传递使需求方、生产方和资源供给方之间形成了一个实时的信息交流网络，降低了生产风险，提高了资源供给方资源配给效率。

这种成本的降低使个性化定制服务不再只限于富裕阶级，而是第一次实现了对大规模公众的覆盖，并且可以以个人为基础开展，成为一种服务生产的基本模式，这才是个性化定制模式的新意所在。当然，不是每个公众都有很强的原创性欲望，或者清楚自己到底想要什么，所以，通过向公众开放并丰富现有服务库的方式（比如上文提到的耐克将公众的设计供其他公众订购），有助于降低公众选择难度，但这并不是一种倒退，根据每个公众的不同选择而对现有服务进行二次开发同样是一种个性化定制服务，虽然每个公众的需求大体相似，但极少相同，这种由需求方发起的生产方式将会使所有广告主变成公众需求的代工厂。

三、作为品牌重塑执行者的广告主

（一）体验性的品牌

按需生产并不意味着广告主在未来会趋同，而是意味着在未来，广告主的竞争关键是如何更好应对公众需求,这种需求既是实用性的,更是精神性的,是一种身份认同的需求,而这种身份认同通过不同广告商的品牌予以体现。因此,公众的生产性作用在未来会从服务生产环节延伸到广告商的品牌建设中。在传统信息传播环境中,发现品牌在公众心中到底占据了怎样的位置是一个非常困难的工作,基于抽样的统计调查方法总会存在误差,即使在方法上降低误差概率,却依然不能保障结果的准确性,因为存在观察者效应。

在新信息传播环境下,全量的数据收集基本消除了误差的存在,而基于公众实际行为的信息收集与分析,其结果的准确性更有助于广告主理解公众,也更有助于广告主根据公众的选择来调整、优化和强化品牌中的关键部分。这也许会造成品牌形象的窄化,但却可以为广告主培养更加忠实的公众。这一点至关重要,因为公众对一项服务使用得越多,能够提供给广告主的需求信息就越多,广告主就能更有效地去满足公众需求,吸引公众持续使用,而公众持续使用就意味着公众难以离开广告主,因为对公众而言,任何服务提供商的更换已经不再是简单的优劣选择,而是一种涉及时间成本和情感成本的体验切割。

另一个维持公众长期使用的好处在于,将公众变成广告主品牌的口碑传播者不仅能使广告主省下大笔营销费用,同时也降低了新服务体验者的获取成本。在新信息传播环境下,这种基于身份认同的品牌归属感,叠加公众信息提供者和信息生产者身份,有利于广告主的品牌信息快速传递到各个角落。典型的案例是鸿星尔克,因其在2021年河南洪灾期间捐赠5000万物资而受到广泛关注和好评,鸿星尔克品牌被赋予了爱国、公益、社会责任等众多正能量内涵,公众的"野性消费"使鸿星尔克线上线下门店产品销售一空,"被动"成为一线运动品牌。因此,广告主必须将品牌的所有权也转移到公众手中,由公众按照自身的需要对品牌进行生产性的重塑。

(二)与己相关性、议题广泛性、临时性、即时性和非理性

作为信息生产者,公众除了能够传递正面信息,也同样能够传递负面信息,而这种负面信息的来源并不仅限于服务质量问题,因而有必要对广告产业中公众的行为特点进行分析。

首先是行为的与己相关性。在讨论西方公众作用时,笔者就提出了与批判性相比,相关性才是公众愿意行动的根本原因。在广告产业中,这种观点同样适用。只有与公众自身利益相关的信息,公众才愿意花时间去传递,抵制PX项目的公众与抵制玉林狗肉节的公众并不是同一批公众,李普曼说:"公众的组成人员并非一成不变,他们随时间变化而变化,一个事件的参与者可能是另一个事件的旁观者。"[1]

这就引出了公众的第二个特点,即关注议题的广泛性。与西方公众相比,中国公众因为没有对政治斗争通道进行争取这一共同的利益诉求,致使其呈现出一种广泛性的议题关注。这种关注既有心理层面的,也有道德层面的,当然也有实际生活层面的。即使是在这不同的层面,公众的关注点依然会不停地分解下去,比如同样是对企业违法行为的关注,声讨三鹿奶粉的公众与声讨e租宝的公众也并不是同一批公众(虽然有重合的可能性)。

这意味着广告主必须实时对公众的意见进行监测和反馈,因为公众的另外两个特点是临时性和即时性,也就是说,公众对某一个议题

---

[1] 〔美〕沃尔特·李普曼:《幻影公众》,林牧茵译,第78页。

的关注是临时起意的,而一旦开始,信息的传播速度又极快,表现出一种即时性的效果。比如"蓝瘦香菇"的例子,南宁一个普通男子失恋后在视频中一句带口音的表述瞬间在全国流行起来,就体现了公众关注点临时性和信息传播即时性的特点。

这种临时性的议题关注,导致公众行为的非理性。很难指望公众会对临时起意而关注的议题花时间仔细研究和分析,哪怕是长期的利益诉求,公众也因身在其中而不一定必然从客观上去分析理解。信息可用性的提升又使公众可以快速地获得需要的信息并得出结论,这加深了公众对自身观点正确性的坚持,导致公众观点的固化、窄化和极化。

但若进一步细究,会发现似乎没有人为信息本身的准确性负责,又如上文提到的"PX项目",关于PX的毒性问题,2014年3月底4月初,因为不少人以PX项目毒性高为由阻止PX项目建设,清华大学化工学院学生连续5天在百度百科上对PX低毒性的说明予以"保卫"。这场拉锯战有意思的一点是,是否在百度百科上坚持了PX项目低毒性的说明,就可以证明PX项目真的低毒性呢?这两个例子似乎都暗示一种可能,即作为商业公司的百度肩负着科学普及的责任,也说明了公众在对某一个议题产生关切时,很多时候并不是从一种理性角度出发去分析和研究,而是持着一种非理性的态度人云亦云,勒庞说:"逻辑定律对群体不起作用。"[1]

以上这些特点对广告主来说并不是什么好消息,这意味着广告主并不知道在什么时候、出于何种原因而被公众所关注,其关注的方式

---

[1] 〔法〕古斯塔夫·勒庞:《乌合之众:大众心理研究》,冯克利译,第86页。

是建设性的还是非理性的,所以,广告主一方面要在所能掌握的各个方面力争做到尽善尽美,另一方面需要借助计算机来实时监测和反馈公众的关注与需求。

四、公众内生性影响对广告主发展的影响

(一)全面的介入

在未来的广告产业中,公众是服务生产的发起方和品牌的重塑者,广告主是公众需求的代工厂和品牌的维护者。因为公众与己相关性、议题广泛性、临时性、即时性和非理性的行为特点,使广告主面临着前所未有的巨大挑战,需要在不断完善自身的同时,借助计算机的力量来对公众保持实时的反馈与监测,才能持续生存下去。公众的这种需求表达不仅介入具体的服务生产流程中,也会介入品牌的建设过程中,因此,公众的内生性影响对广告主而言是全面的。

(二)前置约束性作用

这种内生性影响因为对服务生产流程的介入,还表现出了一种新的约束性作用类型,即前置约束性作用。由于公众对服务生产流程的主导,使得有可能对公众构成不利影响的因素,在生产过程中被替代了,不会出现在最终的服务中。当然,即时约束性和滞后约束性依然有效,但是由于前置约束性的存在,基于结果的即时约束性作用与滞后约束性作用发挥的空间将越来越小。因而,公众的内生性影响与外生性影响相比,变得越来越重要。

第三节　新信息传播环境下广告公司的变化与发展
——创意驱动

一、边缘化的广告公司

（一）曾经的核心

传统的广告信息传播活动，由广告主发起并提供预算，广告公司根据对市场的洞察、对广告主诉求的把握，以及对广告媒体传播效果的追踪，开展广告活动，广告媒体根据广告主和广告公司的要求进行广告信息传递。在整个广告活动过程中，信息的生产主要由广告公司控制，信息的使用也是由广告公司制定并经广告主同意后具体执行，同时，广告公司还进行信息收集和分析工作，可以说，虽然广告主提供了广告活动所需要的资金，广告媒体提供了广告活动所需要的传播触角，但广告公司处于广告信息传播活动的核心位置。

笔者的这种观点与其他学者有很大的不同，因为一般认为在广告信息传播活动中，要么是以广告主为核心（提供资金），要么以广告媒体为核心（控制信息的最终输出），而广告公司既不提供资金，又不能直接触达最终传播目标，是其中最弱势的一方。从资源和资金的角度分析，广告公司与其他两个主体相比，的确非常弱势，特别是广告媒体在中国具有意识形态引导的属性，这种政治身份赋予广告媒体的能力和资源是普通广告公司所不能比的。

但资源能力的强弱与在信息传播活动中的位置并无必然联系。举一个例子来说明也许更有助于理解，2003年，丰田公司在国内媒体上投放了一则关于其旗下霸道（普拉多）汽车的广告，广告上一辆霸道汽车停在两只石狮子前面，其中一只石狮子抬起右爪向车敬礼，另一只石狮子低头致敬,上方的广告语是"霸道,你不得不尊敬"。广告刊登后,引起了巨大风波,因为丰田是日本公司,石狮子是中国的象征,特别是这两只石狮子还与卢沟桥上的石狮子形似,而卢沟桥事变又是日本帝国主义全面侵华战争的开始,这种明目张胆的挑衅行为引起了国人的强烈抵制,最后,丰田公司、广告刊登媒体以及设计这则广告的盛世长城广告公司都出面道歉。虽然这则广告最终是由广告主丰田公司选择并同意投放的,但作为广告公司的盛世长城给了丰田公司这种选择的机会,如果盛世长城在广告创意生产的阶段就不提供这个方案,那么广告主就不会进行这种选择,广告公司有能力将广告主"选择的欲望控制在一个框架内"[1]。这个例子也再次验证了笔者上文所说的,影响企业发展的不再仅仅是其产品或服务的直接消费者,而是公众。

所以,在信息生产环节,广告公司比广告主起到了更大作用。在信息使用环节,广告公司的这种关键作用也非常突出,因为一条广告信息在什么媒体上投放、投放多长时间以及投放的价格,都是由广告公司来进行计划制订的,广告媒体在这方面只有选择合作或不合作的权利,当然这种合作权利很多时候也非常重要,特别是越重要的媒体,其合作权利越大,但信息使用计划的制订却不由广告媒体决定。而信息收集和分析本来就是广告公司的基本能力和基础服务之一,所以作用就更为明显了。总之,在大众传播时代,广告公司处于广告信息传播活动的核心,而公众由于不介入信息生产环节,其影响是根据最终的广告产品而产生作用的,所以,大众传播时代公众对广告产业的影

---

[1]〔英〕弗兰克·韦伯斯特:《信息社会理论(第三版)》,曹晋、梁静、李哲等译,第111页。

响是外生性的。

（二）不适应时代的信息能力

随着数字信息传播技术的发展，在新信息传播环境中，广告公司的这种核心地位慢慢消失了。这首先来自信息收集和分析能力被替代，数字信息传播技术使信息以一种前所未有的方式被收集起来，全量信息的收集和分析，使依靠抽样统计为核心的传统分析方法的适用性和准确性大大降低。这种变化使广告公司面临三个难题：第一，广告公司获得市场洞察和媒体效果监测的主要手段——基于抽样统计的调查方法落伍了；第二，全量信息并不掌握在广告公司手中，而是直接掌握在广告主手中；第三，随着国家对个人信息保护的加强，相关法律法规越发完善，比如2016年7月实施的《互联网广告管理暂行办法》、2021年5月实施的《常见类型移动互联网应用程序必要个人信息范围规定》、2021年11月实施的《中华人民共和国个人信息保护法》等，都对信息收集和分析提出了极为严格的要求，使广告公司开展全量信息收集越发困难。这就使得广告公司处在了一个非常尴尬和被动的位置，因为配合性能越来越强大的计算机，广告主自己就可以完成信息收集和分析工作，广告公司的这一功能被替代了。当然，广告主除了需要自己的全量信息，还需要竞争对手和整个行业的信息，这项工作的线上部分由互联网信息平台承担了起来，线下部分由金融机构承担了起来，广告公司之前那种嫁接广告主与广告媒体，并利用双方信息不对称而运营的模式失效了。虽然信息现在更多了，但广告公司却被排除在外。

在信息使用方面，广告主和广告媒体之间现在可以进行直接联系，基于互联网的信息传播活动可以通过计算机的运转自动匹配，计算机既可以将最恰当的信息推送给公众，也可以将最恰当的广告推送给他们，甚至可以提供因人而异的广告信息。这是针对广告主与单一媒体而言。对于广告主的跨媒体广告信息活动，同样可以借计算机技术来进行设计，选定目标和预算额度，计算机会自动在不同平台间寻找最合适的潜在公众，这就是所谓的程序化购买。这种模式中的核心是计算机运算能力和后台程序合理性，而不再是经验。广告公司可以通过购买来获得这种技术能力，但这种技术能力已并非广告公司独有，广告主和广告媒体也可以通过购买获得这种能力，而不必假手于广告公司。当然，基于传统大众媒体的信息使用计划，也就是媒介计划，依然需要广告公司来制订，但随着大众媒体信息数字化进程的推进，随着传输通道的双向改造和不断升级，由计算机主导的信息使用计划制订和执行将成为广告信息传播活动的主要运营模式，能够有效提升广告费用的使用效率，留给广告公司的可运营空间将变得越来越小。

在信息生产方面，对广告公司的冲击同样来自两个方面。第一个冲击来自被解放了信息生产能力的公众。在大众传播时代，广告公司的信息生产主要依靠所雇用的专业化创意生产人员，这些创意人员通过自己的奇思妙想，贡献了不计其数的经典作品。但新信息传播环境下，"高手在民间"，非专业的创意公众也许既不善于英文交流，也不善于操作专业视频或者设计软件，但却不妨碍他们有独特的想法。之前，这种想法能够传播的范围极其有限，很多时候甚至都不曾离开过他们自己的脑子，而在新信息传播环境里，他们的想法可以瞬间传播到几乎每个角落。这些普通的创意公众并不是为钱而创作，很多时候仅仅因为好玩和无聊，这给广告公司带来非常大的压力，公众对广告产业内生性的影响进一步显现。另外一个冲击来自运算能力越来越强大的计算机，这一点需要与计算机在信息收集和分析中越来越重要的作用搭配在一起，计算机可以根据信息收集和分析得出结果，再根据每个公众不同的喜好来搭配不同的信息元素，并将这些元素进行组合，从而生产出具有针对性的广告信息。当然，笔者并不认为在信息生产的环节，计算机会完全取代人类，这为广告公司留下了一个可以继续经营的方向，但广告公司再也不能独揽广告信息的生产了。

因此，无论是在信息收集与分析、信息使用还是在信息生产上，广告公司的重要性都在慢慢弱化。在新信息传播环境中，广告公司已经由广告信息传播活动的核心，变成了广告信息传播活动中的配角，并且有日趋边缘化的趋势。

二、不可运算的创意

笔者将信息生产分为两类：一类是可运算的信息生产，另一类是不可运算的信息生产。

（一）可运算的信息生产

所谓可运算的信息生产，指的是根据已有信息而进行的信息分析和信息再生产，比如对超市月销售数据的统计，这是可运算信息生产的最简单层面。更高一级的可运算信息生产，包括依据销售数据和不同节日而制定产品售价和摆放位置，这不仅涉及信息分析和统计，还包括了信息决策，这是可运算信息生产的第二个阶段。再进一步，根据每个顾客的购买情况来预测顾客购买行为，比如一名顾客每个月15号都来买一次固定品牌的牙膏，那么当这名顾客在下个月15号走入超市时，销售人员就可直接在入口处向这位顾客展示该品牌牙膏，或者如果这名顾客每个月购物清单相对固定，超市可以每月将这名顾客所需产品统一打包快递到顾客家中，这是可运算信息生产的第三个阶段，即信息的预测。

因此，可运算的信息生产包括信息分析、决策和预测三个方面，这依赖于对信息的收集和概率分析。这种可运算的信息生产将完全由计算机来执行，因为单就运算能力而言，计算机比人类运算得更快，也更准确，有明显优势。这种可运算的信息生产过程，在一定条件下也可用于创意的生产。同样结构的广告图片可根据收集的个人信息，呈现定制化的内容展示，即使个人信息不全，也可根据概率运算出更有吸引力的个性化内容，比如同样一款汽车的宣传海报，对男性呈现时更突出驾驶感或强劲动力，对女性呈现时突出安全感和时尚感，对未成年人呈现时强调车载娱乐系统的丰富程度等。因此，获得的信息越多，运算结果越准确。

（二）不可运算的信息生产

可运算的信息生产方式也有缺陷，所有的运算都基于已有信息，无法考虑到突发情况，比如那名顾客因为在这个月10号新交了一个女朋友/男朋友，在新伴侣的建议下决定尝试另一品牌的牙膏；或者有些男性更关注汽车的时尚感和娱乐系统。这将使信息预测失效，甚至产生截然相反的效果。

这种失效是因为在信息分析阶段，一切是有规则可依的，计算机只需根据规则运算即可。在所有有规则的事情上，人类都将被计算机替代，所以AlphaGo能击败人类围棋冠军并不奇怪，因为围棋有规则。而一旦涉及决策和预测层面，就进入了无规则阶段，此时对概率的运算只能保证在相同条件下，哪种情况会更频繁发生，却不能保证哪种情况肯定会发生。因此，一旦涉及决策和预测，就有一部分信息是不能通过运算获得的,比如广告创意,广告公司可以根据经验和收集的信息向目标公众提供个性化广告内容,但由于涉及对公众心理的预测和创意方式方法的主观决策,没有哪一个广告创意在正式向目标公众展示前,能保证百分之百有效。创意不遵循概率定律,就像"蓝瘦香菇"的例子,通过概率运算是得不出下一个热点在哪里或者是什么的。

创意的不可运算性还表现在,同样一个创意,第一次出现会引起公众惊叹,第二次出现公众就会对其失去兴趣,也就是说创意本身具有不可重复性。2012年,韩国歌手朴载相("鸟叔")推出歌曲《江南style》,一时间在全世界引起疯狂传播,在数十个国家的 iTunes 音乐下载榜上排名第一,似乎一个来自亚洲的世界巨星马上就要产生了,可自那之后,朴载相推出了类似风格的歌曲 Gentlemen,远没有达到《江南style》的火爆程度,因为创意不可重复。

创意的不可运算性,使这种信息生产过程不能完全依赖于计算机,但这并不是说在创意过程中,人不需要计算机的帮助,或者不需要对技术的了解,因为新的技术展示形式本身就构成了创意的一部分,而这些展示形式在很大程度上又依赖于计算机的辅助和指导。此外,计算机可以辅助创意人员更好、更快地完成创意设计和创意输出,比如将创意完成的作品结合数据库的分析结果,向不同的人输出相似但不相同的作品。

同时,在创意过程中,还需与公众充分沟通,因为作为信息生产者的公众,能够生产出的信息内容是海量的,很多时候反而更能够触发其他公众的兴趣,因此广告公司在创作过程中,需要更多地将公众包含在其中,这样做的另一个好处是避免因创意内容触犯公众利益而导致不良后果。2004年，耐克为新签约的勒布朗·詹姆斯量身定做了一支针对中国市场、题目为"恐怖斗室"的广告，詹姆斯在一个五层高的中式阁楼中逐层击败对手，最终获得了胜利，这些对手包括道士、飞天和龙等中国元素。广告创意来源于李小龙经典影片《死亡塔》中的桥段，耐克本希望通过加入尽可能多的中国元素，来讨好和打动中国观众，但这支广告在播出后却遭到了强烈抵制，中国观众认为在广告中将龙、飞天等中国传统文化元素妖魔化是对中国文化的贬低和侮辱。这进一步说明，广告公司在创意设计时，要充分考虑公众的综合性诉求，而在创意阶段让公众参与进来，进行一种协同创意和预沟通，将公众的约束性作用提前至创意生产环节，能够有效避免公众在创意展示后的抵制。

需要注意的是，随着国家对个人信息保护的加强和对技术创新的管理，广告公司的创新难度也将越来越大。比如，《中华人民共和国个人信息保护法》第二十六条规定，"在公共场所安装图像采集、个人身份识别设备，应当为维护公共安全所必需，遵守国家有关规定，并设置显著的提示标识。所收集的个人图像、身份识别信息只能用于维护公共安全的目的，不得用于其他目的"，这使户外广告公司的数字化进程和创意生产存在较大的合规性风险；再比如，《网络信息内容生态治理规定》第二十三条规定，"网络信息内容服务使用者和网络信息内容生产者、网络信息内容服务平台不得利用深度学习、虚拟现实等新技术新应用从事法律、行政法规禁止的活动"，这使得广告公司的创意人员在天马行空的同时，需持续学习最新的法律法规内容。提高对创意人员的综合素质要求，也是将公众约束性作用前置的一种表现。

三、避免技术垄断论和信息决定论

广告公司的未来发展问题，归根到底是计算机在多大程度和多大范围内能够替代人类的问题。广告公司传统的信息收集与分析功能和信息传递功能，都是有规则可循，计算机基本都能完成，少数因尚未进行数字化处理而不能由计算机完成的工作，随着信息数字化的推进，也将由计算机承担。如果再将广告主和信息平台的发展考虑进来，那广告公司在这两个功能方面已经失去了存在的价值。只有在信息生产方面，由于创意的不可运算性，广告公司才有继续生存下去的机会。在做出这种判断时，笔者时常提醒自己要避免两种思路的影响，一种是技术垄断论，另一种是信息决定论。

（一）技术垄断还是技术助人

技术垄断论认为，当"我们像机器一样工作时就处于最佳状态"[1]。这种思路滥觞于泰勒的科学管理理论，即将工人的每一个工作步骤量化，然后标准化，其实就是让人去仿照机器，而当技术的发展达到一定水平后，人类就必然会被机器所替代，因为与人类相比，机器更可靠。如果技术能使机器在体力劳动方面替代人类，那么在脑力劳动方面呢？弗洛里迪认为"思考即推理，推理即计算"[2]，那思考就是有规则可依的事情，因而"任何技术都能够代替我们思考问题"[3]。

按照这种思路，不仅创意工作可以被计算机替代，人类所有的事

---

[1]〔美〕尼尔·波斯曼：《技术垄断 文化向技术投降》，何道宽译，第68页。
[2]〔意〕卢西亚诺·弗洛里迪：《第四次革命：人工智能如何重塑人类现实》，王文革译，浙江人民出版社，2016，第106页。
[3]〔美〕尼尔·波斯曼：《技术垄断 文化向技术投降》，何道宽译，第30页。

务都可以由计算机来完成,最终不是计算机来辅助人类,而是计算机来指挥人类,就像笔者上文所假设的那样,公众自己为自己生产信息,计算机来判断信息的正确性。这其实是人类自己造成的后果,赫拉利说,"计算机并无法理解智人如何说话、感觉和编织梦想,所以我们现在反而是用一种计算机能够理解的数字语言来教智人如何说话、感觉和编织梦想"[1]。计算机的语言是一种可运算的语言,所以似乎计算机对人类的替代不可避免。

这种思路的确发人深思且具有极强的说服力,但笔者依然认为,人类思考能力的很大一部分是不可运算的,而正是这种不可运算性,保护人类远离了被计算机操纵的命运。计算机的结果输出依靠两样东西,一个是规则,另一个是历史数据,这种输出是一种概率性的输出,根据"马太效应"原则,这种概率性输出的准确性会越来越高,所以对未来的预测会越来越准确,但是却永远无法达到百分之百,而正是这中间微小的差异留给了人类自主性,因为这个差异受到实时的环境、文化、经济、政治等各个方面影响,是不可运算的。战争是最直观的例证,如果通过概率能够百分之百地预测未来,那历史上就不会发生以少胜多的经典战例,人类历史将是另一个样子。

所以,应该客观认识技术,技术的发展能够帮助人类更好地生活,也能够降低误差,但却不可能完全消除误差,特别是在预测未来时,因为人类社会中有相当一部分的信息不可运算,技术不可能对人类所有事务实现垄断。

---

[1]〔以〕尤瓦尔·赫拉利:《人类简史:从动物到上帝》,林俊宏译,第130页。

（二）信息决定还是信息使用

同时，笔者还时刻提醒自己警惕另一种思路，即认为信息的多少决定了结果的准确性。参照技术决定论的名字，笔者将之称为信息决定论。信息决定论的一个重要观点，是认为人类正进入信息社会，而信息社会是因"信息变革在量上的积累，最终形成质变，从而组成一个新的社会类型"[1]。

笔者认为，虽然信息在人类发展历史中一直处于关键位置，但真正使当代社会与之前社会不同的，是数字信息传播技术带来的信息可用性的提升、计算机存储和运算能力的提升，以及以光纤网络为代表的传播网络传输速度的提升，这三个方面共同构成了新信息传播环境，单独的或者说单纯的"信息量的增加并不能够代表一个新的社会"[2]，正如尼葛洛庞帝所问的："我们真的想要或需要这么多比特吗？"[3]

信息决定论很多时候是和技术垄断论结合在一起对我们施加影响的，比如，不少年轻人抱怨父母在朋友圈里分享过多的养生信息，认为父母分享的这些信息是无用，甚至是错误的，但仔细想想，是什么使这些年轻人产生了如此的自信？仅比老一辈更熟练地使用新的信息设备去寻找信息，并不意味着就比老一辈掌握了更多的知识。技术熟练度不等于知识渊博，同样，单纯的信息堆砌也不等于知识渊博。回到创意的部分，更多的信息并不意味着更好的创意，只是代表了一种产生更好创意的可能性，因为面对海量的信息，需要的是"能提出正

---

[1]〔英〕弗兰克·韦伯斯特：《信息社会理论（第三版）》，曹晋、梁静、李哲等译，第11页。
[2] 同上书，第10页。
[3]〔美〕尼古拉·尼葛洛庞帝：《数字化生存（20周年纪念版）》，胡泳、范海燕译，第21页。

确问题的聪明人"[1]。

四、广告公司的其他作用——策展人、挡箭牌和税务员

创意所需要的"聪明人"既可以是组织,也可以是个人。实际上,以组织形式存在的广告公司,在实际创意过程中,也是由具体的创意人员来执行的,而对于真正有能力的创意人员来说,将个人与固定的广告公司捆绑,会无形中限制其收入来源,因为一家广告公司所能承接的创意工作,或者说所能获得的广告主是有限的。所以,真正有创意能力的人以自由职业者的身份,而不是以广告公司雇员的身份开展广告创意活动,是其利益最大化的必然选择。广告公司将变得越来越像艺术展览的"策展人",根据不同广告主的创意需要临时搭建创意团队,开展创意工作。广告公司的"策展人"身份,可以帮助广告主节省寻找和组织创意团队的时间,加快广告主对公众需求的响应速度。

广告公司还起到了挡箭牌的作用,由于广告创意的效果无法事前评估,一旦创意失败,广告公司就是广告主市场部门的挡箭牌,有时甚至是广告主的挡箭牌。

此外,广告公司承担了税务员的角色,即在收到创意收入后代替创意人员缴纳相应税费。但随着我国税收方式的数字化改造,广告公司的这种作用也将慢慢弱化。广告公司的上述作用,是建立在广告公司能开展创意业务的基础上,脱离这个基础,这些作用也就失去了存在条件。

---

[1] 〔意〕卢西亚诺·弗洛里迪:《第四次革命:人工智能如何重塑人类现实》,王文革译,第152页。

五、公众内生性影响对广告公司发展的影响

相较于其他传统业务,创意是广告公司未来唯一能够保留下来的业务,广告公司的其他作用也基于这一点而展开。这是由于创意本身的不可运算性,以规则和历史数据为运算基础的计算机,只能输出概率性结果,这使人在创意生产中的重要性不能完全被计算机替代,但计算机的使用可以提高创意生产效率和创意展示的丰富程度。

在创意生产过程中,需要公众全程参与,一方面因为作为信息生产者的公众能够提供更多的创意视角和素材;另一方面可以在创意过程中将有可能侵犯公众利益的元素排除;同时,国家对个人信息安全和技术创新使用相关法律法规的完善,对创意人员的综合素质提出了新要求。因此,对广告公司而言,公众的内生性影响表现在对广告具体产品服务生产流程的介入,即生产性作用,以及在服务生产流程中前置的约束性作用。

第四节 新信息传播环境下广告媒体的变化
——从广告媒体到信息平台

一、从一家独大到多面迎敌

广告产业三个主体中,广告媒体在新信息传播环境下,面临的竞争最为惨烈。竞争来源于三个方面,首先是大量出现的信息生产者,其次是广告主,最后是以互联网企业为代表的信息平台,后两者在很大程度上又逐渐重合。

（一）来自公众的挑战

由于信息收集和分析方式的变化，公众可接触到的信息越来越多，而计算机又可按需将这些数据进行不同维度的分析并导出结果，因而公众可以根据自身生活经验、教育经历及自身利益诉求对信息进行不同解读，专家基于信息控制所获得的权威性地位因此下降了。广告媒体作为大众传播时代信息控制的最主要代表，也跟着受到很大影响，其权威性受到了较大冲击。在大众传播时代，如果说广告公司是广告主与广告媒体之间的中介，承担着广告信息生产和传递的工作，那么广告媒体就是广告主与公众之间的中介，控制着信息传播。这种控制之所以能够维持，是因为信息收集和生产的成本极高，以及信息传输网络的单向线性传播性质。

随着信息数字化、传播网络双向并发能力提升、计算机存储和运算能力提升，这种控制变得越来越困难。在信息收集和生产方面，家用计算机、手机、平板电脑等个人数字设备都具备信息收集、分析、编辑、生产和传播的能力，大大降低了信息生产门槛，公众的信息生产欲望得到了释放，涌现出大量自媒体。这些自媒体中既包括之前服务于广告媒体和广告公司的专业化制作团队，比如罗振宇和Papi酱等，也包括很多因精心设计或无心插柳而受到关注的普通公众，比如胡戈、朱之文等。这些自媒体通过信息生产满足公众不同维度需求，比如娱乐性需求、求知性需求、逐利性需求、陪伴性需求。通过需求满足，自媒体从广告媒体手中分流了公众，继而也分流了广告主预算，广告媒体的竞争压力空前巨大，因为与几千个电视频道或者广播频率相比，自媒体的数量不计其数。

更重要的是，除了满足自身需求，公众掌握了一种更为直接、快速、有效的传播自身诉求的传播通道，而在大众传播时代，这种自身利益诉求的表达很大程度上是以广告媒体为中介的。公众的利益诉求具有多样性，但广告媒体的线性传播方式导致其在一个时间点只能传递一种信息、表达一种诉求。相比而言，在新信息传播环境下，公众可以在同一时间内生产无数的信息，表达多种不同的诉求，加上广告主能够直接与公众进行沟通，广告媒体的中介作用越来越弱化。因此，随着广告媒体权威性的下降，由信息生产门槛降低而导致的海量自媒体的出现，以及广告媒体中介作用的弱化，广告媒体出现普遍的营收规模缩减。

（二）来自广告主的冲击

广告主对广告信息传播活动更深入的参与，给广告媒体带来了更直接的冲击。广告主在新信息传播环境中，被迫更主动地与公众进行沟通，并需要实时监测信息。这意味着广告主不再需要广告媒体承担中介任务。同时，广告主这种深入主动的沟通活动也间接地与广告媒体形成了竞争关系，公众越是能从广告主那里得到足够的信息，广告媒体的信息传播作用就越弱，进而公众对广告媒体的使用就会跟着减少，这又进一步减弱广告媒体在信息传播中的重要性，形成了恶性循环。

此外，广告主作为广告信息传播活动的资金来源，其预算是有限的，广告主更多的自主性参与意味着在恒定的预算内，广告主的直接花费比例提升，剩余给广告媒体的份额就变小了。广告媒体面临的不仅是越来越多的蛋糕竞争者，而且蛋糕还变小了。随着竞争日趋激烈，广告媒体内部的两极分化越来越明显，少数处于领先地位的广告媒体虽然也面临着营收规模缩减，但基本能够维持正常经营活动，而绝大多数广告媒体经历着入不敷出的悲惨状态。

(三)来自信息平台的竞争

更大的竞争来自互联网信息平台。基于数字信息传播技术发展而起的互联网信息平台,不需要通过变革去适应新信息传播环境,这节省了大量的时间、金钱和人力,这些节省下来的资源被重点投入到了计算机存储和运算能力的提升,信息使用效率的提升又不断地优化了信息收集和分析能力,使互联网信息平台能够为公众提供更好的信息服务。

这种更好的信息服务并不只是信息的传递,而更主要的是信息的过滤、搜索、审核、管理和聚合。数字信息传播技术使得信息的可用性、使用效率和传输速度都有了大幅飞跃,信息的数量也跟着急速增长,现在的问题不再是信息太少了,而是信息太多了。但公众的时间是有限的,所以公众需要一种新的信息服务模式,这种服务能够根据每个公众的不同诉求量身制作,精准、快速、及时且有效,并保持公众的持续参与,能够将公众信息提供者、信息使用者和信息生产者三种身份完美地统一起来。公众使用得越多,提供得就越多;提供得越多,生产得就越多;生产得越多,使用得就越多,从而形成一个正向的信息传播循环,循环的速度越快,服务的质量就越好,公众也就越难以离开这个循环。同样,因为公众时间的有限性,由于互联网信息平台占据了公众更多时间,留给广告媒体的时间就越来越少,这种趋势一旦开始就几乎不会逆转,因为公众的逐利性本质使他们只会选择最能满足其利益的服务。

(四)传统广告媒体定位的再明确

因而,在新的信息传播环境中,传统广告媒体的竞争加剧了,这不仅包括原有行业内的竞争，更主要的竞争是来自自媒体、广告主和互联网信息平台，这些新型竞争者获得了更多的公众时间，并且使传统广告媒体的信息传递中介作用大大降低，传统广告媒体不再是公众获取信息过程中的必要一环。

但应理性地看到，第一，传统广告媒体的信息中介作用和信息传播作用虽在持续弱化，但作为信息使用方式的一种类型，不会消失；第二，传统广告媒体作为党和国家的主要舆论工具和以实现社会价值为主要取向的公众发声平台定位，不会被取代；第三，传统广告媒体也不会坐以待毙，中央广播电视总台的成立和县级融媒体中心的广泛建设，代表着传统媒体在新信息传播环境中的探索；第四，国家对意识形态安全的重视更要求传统广告媒体必须在新信息传播环境中占据重要位置。这将导致传统广告媒体经营模式的重大转变，广告在其收入中的比重将持续降低，传统广告媒体将更偏向于公共服务和追求社会价值。因此，在经过一段漫长但逐渐加速的过程后，互联网信息平台将取代传统广告媒体的位置，成为广告产业中的新主体。

二、信息服务的种类：过滤、搜索、审核、管理

要说明这种替代，就需要回到对信息本身的分析上。在大众传播时代，广告媒体的主要工作是进行信息过滤与传递，由此而发展出了很多传播学理论，比如把关人理论、议程设置理论、两级传播理论等，这些理论的核心是认为广告媒体作为公众主要的信息提供者，能通过对信息的控制影响公众，这种控制是由信息传播通道的单向化属性以及信息收集与分析成本的高昂导致的。

新信息传播环境下信息的爆炸式增长，理论上应该延续和强化广

告媒体作用，因为公众比任何时候都更需要信息过滤。然而，广告媒体面对新信息传播环境的反应太慢了，或者说大众传播时期的强盛使广告媒体产生了一种错觉，认为其作为信息提供者的角色不可替代，而数字信息传播技术只是为他们提供了一条新的信息传播通道。这种认识有一半的正确性，即数字信息传播技术的确为广告媒体提供了一条新的、更快的信息传播通道，而不正确的一半是，一方面，这条通道不再是广告媒体的独享资源，事实上在很长一段时间内，广告媒体并没有使用这条通道，或者未将之视为其信息传递工作的主要通道，广告媒体依然沿用其原有的单向传播通道，这既由于广告媒体的过度自信，也源于网络重造的巨额费用；另一方面，这条通道也使广告媒体信息提供者的重要性大大降低，重要性的降低来源于数字信息传播技术对公众信息生产能力的释放，公众现在自己为自己提供信息。

（一）信息过滤与搜索

虽然广告媒体的作用下降了，但公众依然需要面对新信息传播环境下信息爆炸的问题，格雷克给出了两个解决方案，"要么是过滤，要么是搜索"[1]。信息过滤工作在大众传播时代由广告媒体负责，现在由信息平台来提供。

笔者认为搜索和过滤其实是一回事，根据公众提问而搜索获得的信息结果，本身就经过了信息平台的过滤，只不过相较于直接过滤，搜索这种形式赋予了公众名义上的主动性。公众对过滤的期待是在一个固定范围内提供日趋精准的信息，而对于搜索的期待是在一个无限的范围内根据公众需求寻找合适的信息。换言之，过滤是定向的信息

---

[1]〔美〕詹姆斯·格雷克:《信息简史》，高博译，第403页。

服务，搜索是不定向的信息服务。

然而，如果没有公众的主动性信息提供，再强大的计算机运算和分析能力也无用武之地。所有的起点在于公众第一次的主动触发，告诉信息平台自己的需求，信息平台根据这种需求去组织和提供合适的信息服务，公众对所获得服务的满意程度提出新的需求，信息平台再根据这些新需求优化信息服务，这种循环的交互过程次数越多，信息平台就越了解公众需求，也就越能提供更好的信息服务，慢慢地会形成信息服务的"马太效应"。前文提到的今日头条就是典型例子，字节跳动公司也将这种模式复制到了抖音上，在首次使用的时候，抖音会要求公众主动选择感兴趣的内容类型，根据用户的选择，抖音通过后台计算机的运算，从内容库中抓取相应的信息组成个性化的信息服务提供给公众，并根据公众的选择不断优化，公众用得越多，抖音就越了解公众的兴趣所在，并能够将这种兴趣进行细化和精确化，进而提供更为个性化的信息服务。比如，在体育的内容类型下可细分为足球、篮球、网球等；在篮球类型下可细分为NBA、CBA、欧洲篮球等；在NBA类型下又可细分为球队、球员、教练、风格等。理想情况下，抖音可判断出笔者对某支CBA球队的喜欢是因为球队、球星、教练，抑或球队归属地。假设抖音判断笔者是因为喜欢某个球星而关注整支球队，那么当该球星转会到其他球队时，抖音会给笔者推送新球队的信息。抖音有能力成为笔者肚子里的那条"蛔虫"。

这种服务只有在新信息传播环境下才能够实现，因为公众无规律可循的即时性信息服务需求，要求信息使用效率、信息传输速度和信息可用性的高度统一。这同样遵循"马太效应"，公众在满足自身信息需求的同时，帮助信息平台存储了越来越多关于信息的信息，使其他公众再提出相同或相似需求时，信息平台无须重新进行大范围搜索，只需从数据库中提取即可，这进一步提升了信息使用效率。只有遇到公众新需求时，信息平台才需进行大范围搜索，这种可能性随着公众使用的增多而逐渐变小，最后，公众绝大部分需求都可从信息平台数据库中直接获得。

（二）信息审核和管理

从信息使用者角度来说，这很方便，但有一个问题容易被忽略，就是信息平台的信息来自何方？图书馆或者资料馆肯定是来源之一，因为信息可用性要求在最大范围内将人类已产出的各种类型信息全部进行数字化转换，正如谷登堡发明了他的印刷机后，相当长一段时间内，印刷商"对'学科发展的贡献'，与其说是靠推销所谓的'新'著作，不如说是靠给个体的读者提供更多的著作"[1]。

信息数字化提升了已知信息的可用性，但新产生的信息会远远多于已知的信息，这些新信息可能来自地位越来越衰落的专家学者，更有可能来自作为信息生产者的公众。公众自己提出信息需求，再自己去回应这种需求，信息平台在其中承担需求匹配和审核的工作。比如维基百科，倡导由公众自己动手解答公众的问题，这充分利用了公众的信息生产能力，但后果是"在任意一个瞬间，读者获得的只是不断变动中的真理的某个版本"[2]，而当信息平台将审核工作也越来越多地交由运算能力越来越强大的计算机时，就会出现一个十分荒诞的场景：公众自己为自己生产信息，而计算机来审核信息的正确性。

---

[1]〔美〕伊丽莎白·爱森斯坦：《作为变革动因的印刷机：早期近代欧洲的传播与文化变革》，何道宽译，北京大学出版社，2010，第103页。

[2]〔美〕詹姆斯·格雷克：《信息简史》，高博译，第376页。

信息平台的审核工作，其实也是一种新的信息服务，即信息管理。这种管理分为两个层面，一个是信息平台对所存储的全量信息的管理，另外一个是信息平台帮助公众进行个人信息管理。这两个层面都离不开新信息传播环境下信息可用性、信息使用效率与信息传输速度的提升。

从信息平台自我管理来说，对公众信息需求的全量存储，虽是一种巨额财富，但如果仅仅是单纯存储而不能从中得出关于信息的信息或者基于信息的信息，那就是一种资源浪费，除了浪费信息，也浪费成本，因为信息存储需要空间和设备。只有当存储的信息能被有效地运算和分析，全量信息的存储才变得有意义，才能帮助信息平台更准确地识别公众需求，对之进行匹配，完善信息服务质量，所以，信息平台的信息管理就是对已获得信息的循环分析和循环使用。

从公众角度来说，信息已渗入日常生活的每个方面，并且信息的数量越来越多，仅凭自身已无法记忆和处理所有信息，需要信息管理服务的帮助。比如，因为要完成本书，笔者每天需要接触大量信息，也许在微信公众号某篇文章上的某组数据有帮助，笔者可以通过纸笔记录下来，但这种信息转录会花费时间，而笔者每天能用于写作的时间是有限的。新信息传播环境提供了便捷的信息存储能力，笔者可以将这篇论文放在微信收藏里以备后续使用，但因为收藏的文章太多了，笔者很容易遗忘，所以，和信息平台面临的情况一样，单纯的存储对笔者没有任何意义，这时笔者就需要一种信息管理服务，这种服务能帮助笔者对收藏的文章进行自动分类、整理，最好还能对每篇文章中笔者感兴趣的部分进行摘录。信息管理服务能提升笔者对信息的使用效率。

这种信息管理服务不仅适用于写作，对于自身健康信息、财务信息的实时监测，对于私家车行驶和使用信息的实时反馈等，都是在新信息传播环境下公众所需要的生活信息管理服务。需要指出的是，信息平台自身的信息管理工作与向公众提供的信息管理服务在很大程度上是重合的，因为很多信息管理服务要求对信息进行即时的运算和分析，再将信息实时反馈给公众。比如地图导航服务，不仅是指导司机从A地到B地，还包括对路线的规划、对路况的实时跟踪、在行驶过程中对车辆速度的监控、对司机驾驶风险或者违规风险的提醒、对目的地周围可用停车位置的推荐等，这都需要信息平台对已存储信息的即时运算、分析和反馈。所以，信息管理既是信息平台自身运营的一部分，也是信息平台能提供的一种信息服务，这又是传统广告媒体不能比拟的。

（三）被替代的必然

新信息传播环境下的变革是以信息为基础的，变革一旦开始就只会往前走，广告媒体在变革的开始落后了，就很难再追上去，因为现在的差距不是以加法或者乘法的速度在变化，而是以指数的程度在拉大，开始时微小的差距会最终变成唐僧的双脚与孙悟空筋斗云之间的差距，不只是距离上的，更是性能上的。

公众生产的信息越多，就越离不开信息平台提供的过滤、搜索、审核、管理服务，并不是所有人都知道什么是"YYDS""中二"或"凡尔赛文学"，信息平台能够满足公众不同的信息需求，并即时提供所需要的信息。这是传统广告媒体所无法提供的，无法想象当笔者不知道什么是"十动然拒"时，需要去广告媒体门口或者通过写信的方式请广告媒体来提供答案。因此传统广告媒体被信息平台所替代是新信息传播环境下的必然结果。

三、从信息聚合到信息平台聚合

(一) 信息聚合与"一站式服务"需求

除了信息过滤、搜索、审核与管理，信息平台还提供另外一项重要的信息服务，那就是信息聚合。这种需求源于新信息传播环境下信息爆炸、公众时间有限性和公众需求多样性，三者的结合要求信息平台不仅需要告知公众信息，更需要尽可能将公众需要的所有信息聚合在一起。比如，笔者想要给自己买一双李宁篮球鞋，给妻子买一支故宫口红，给孩子买一件GAP外套，一种方式是直接在企业官网购买，这需要笔者知道三家企业的官网ID；另一种方式是通过信息平台搜索这三家官网，由信息平台将笔者引导到这三家企业的网站上分别购买；还有一种更为传统的方式是笔者去商场购买，但这存在一个问题，就是笔者想买的这三样东西并不一定都在一个商场销售，而笔者又不知道应该去哪个商场，因此只能靠运气选择一家商场，看看能够凑齐几样。以上三种方式都不能很好地满足笔者需求，要么买不了，要么买不齐，要么需要将同样的流程重复三遍，耗费时间。

此时，一种"一站式服务"的需求就产生了，信息平台通过信息聚合，可将公众的信息获取需求直接与公众的后续行为连接在一起。在上面的例子中，这个信息平台就是天猫，通过将公众的需求信息与广告主的供给信息进行聚合和匹配，促成服务销售。此时"马太效应"同样适用，信息平台上的广告主越多，公众"一站式服务"的信息需求就越能得到满足，公众就会越多地使用信息平台，而信息平台所能聚合的公众需求越多，就会有越来越多的广告主对信息平台开放，公众和广告主将越来越离不开信息平台的信息聚合服务。这使信息平台进一步取代了传统广告媒体，成了公众与广告主之间的新中介，帮助双方建立联系，匹配需求，与广告媒体相比，这种匹配更为准确、实时，效果也更为直接，所以信息平台对传统广告媒体的替代是全方位的。

（二）信息边界和资本推动

这种看似无止境的信息聚合，也有明确边界。这种边界竖立在不同信息平台之间，由"共同标准的缺失、通信协议的不足，以及在设计上无法与……其他设备自由组合的硬件"[1]构成。公众具有利益广泛性的特点，信息需求并不会仅限于某一个方面，但这些边界阻碍了信息流动，因此不同信息平台间也需要不断聚合，这是信息可用性的要求，更是公众逐利性的要求。公众需要的是"一站式服务"，只有这样才能最大限度满足公众的利益诉求。

此时，资本又出现了。借助资本，信息平台开始了聚合。首先是同类信息平台之间的聚合，比如优酷和土豆、爱奇艺和PPS、携程和去哪儿、美团和大众点评、滴滴和快的等，这些聚合在每类信息需求中都产生了占有绝对市场份额的信息平台；接下来是跨类型的信息平台聚合，比如阿里巴巴对滴滴、PPTV、新浪微博的聚合，百度对爱奇艺、携程的聚合，腾讯对大众点评、同程旅游的聚合。这些信息聚合平台能够满足公众各个方面的需求，所提供的信息服务越来越相似，使公众"一站式服务"需求成了现实。

笔者认为未来有可能会出现新的信息聚合平台，虽然这种可能性

---

[1]〔意〕卢西亚诺·弗洛里迪：《第四次革命：人工智能如何重塑人类现实》，王文革译，第36页。

越来越小,因为在"马太效应"影响下,现有信息聚合平台对公众需求的积累已经基本能够覆盖公众的各个方面,后入者所面临的竞争难度越来越大。但信息平台的生存取决于公众持续的信息提供,一旦信息平台不能满足公众需求,公众就会转移到其他信息平台上去,而公众的需求并不仅仅是信息使用需求,回想一下"魏则西事件"后百度面临的困境以及字节跳动、美团的崛起,就会发现这种判断并不为过。当然,另一种可能是出现信息聚合平台之间的再聚合,最终变成唯一一个巨型信息平台,这无论从资本逐利性的角度、从信息可用性的角度,还是从公众逐利性的角度都是一种合理的推测,只是当这种巨型信息平台出现时,公众利益是否能够受到保障,将是一个值得思考的问题。

(三)渔翁得利

这种信息聚合平台之间的竞争,一方面使公众需求能得到更好满足,另一方面也加强了公众的权利。在经济权利方面,除了公众资金消耗所产生的直接经济权利外,公众的每种新需求都对信息聚合平台形成了一种经济压力,从而逼迫着信息聚合平台持续优化其信息服务能力,不断优化其后台计算机存储和运算能力。

除经济权利外,信息聚合平台之间的竞争还加强了公众的信息传播权利,借助被释放了的信息生产能力,公众可以更快地将自己糟糕的服务体验在更广阔的范围内传播,而其他信息聚合平台会很乐于推波助澜,因为任何一个信息聚合平台的失误都是其他信息聚合平台的机会;反之,公众任何好的服务体验也会在信息聚合平台的帮助下快速传播开来,这种基于公众实际服务体验的评价体系,使公众能更好地对信息聚合平台行为进行约束,这种约束作用于信息平台各个方面,比如企业文化、商业模式、投资和运营等。

四、公众内生性影响对信息平台发展的影响

新信息传播环境下，信息平台为满足公众"一站式服务"需求，提供了信息过滤、搜索、审核、管理和聚合五种功能，公众在其中的信息提供、生产和使用使广告媒体的作用被完全替代了。公众的信息需求是信息平台发展的根本动力，公众不仅介入了信息平台的服务生产流程，同时也是信息的生产者、使用者和提供者，所以，公众内生性影响对信息平台发展的作用更为突出。

同时，在公众信息需求的要求下，信息平台之间出现了不断的聚合，形成了由几个信息聚合平台向公众提供全方位信息服务的局面，这不仅加强了公众的经济权利和信息传播权利，也使公众外生性影响对信息聚合平台的作用得到加强，特别是由于资本在信息平台聚合过程中的介入，使公众外生性影响下的约束性作用和逐利性作用得到延伸，但总体而言，公众内生性影响对信息平台发展起到更为直接的作用，公众的内生性影响通过生产性作用和前置约束性作用对广告产业发展产生影响。

第五章　私有化信息垄断对公众的影响

公众对于"一站式服务"的需求使信息越来越向信息平台聚合，私有化信息平台也慢慢介入服务的生产过程中。这种介入要么是通过信息平台的直接生产，要么是通过与广告主的联合生产或合作生产开展的，但无论哪种生产方式，广告主和广告公司对信息平台的依附性越来越强，信息平台成了广告产业的主导。同样因为公众的"一站式服务"需求，公众对信息平台产生了越来越强的生活依赖。这种依赖加剧了信息平台对信息的垄断，反过来给信息平台提供了限制公众权利行使、损害公众利益的可能性。

第一节　拆墙与融合

上文提到了信息收集和分析方式、信息使用方式和信息生产方式之间的双向动态关系，也提到了公众信息提供者、信息生产者和信息使用者三种身份的双向动态关系，这就提醒笔者去进一步考察这种双向动态关系在广告产业不同主体之间是否也同样适用。从信息的角度出发，任何边界都会限制信息可用性，而作为信息服务的一个种类，广告信息要想取得最好效果，就要求广告主、广告公司和广告媒体这三个主体之间的融合。

一、打破围墙

根据笔者观察，目前这种融合还处于孕育期，现阶段更多的是三个广告主体功能上的重合，即广告主、广告公司和广告媒体的功能集中于一身，这种重合以私有化信息平台为主。比如字节跳动，本身是信息服务平台，同时也在楼宇、户外等其他广告媒体上投放广告，并为在其平台上投放广告的广告主提供广告设计服务。如果说字节跳动还多少带一点传统广告媒体的属性，那么以淘宝、美团、网易云音乐等为代表的私有化信息平台对广告业务的介入就更能说明问题。这三个平台分别解决的是公众的购物需求、餐饮需求和娱乐需求，它们既以广告平台的身份进行广告销售（入口广告、搜索广告、推荐广告等），又是广告公司，为在其平台上进行广告投放的广告主进行投放计划制订与匹配，同时还作为广告主在其他平台和广告媒体上进行广告投放。再如小米，通过其MAX（Mi-Ad exchange）程序化广告平台，将包括应用商店、浏览器、小米音乐、小米视频在内的所有可用广告位对外销售，特别值得注意的是，小米本身既是一家信息平台公司，还是一家销售手机、OTT盒子和相关配件的硬件公司。这说明重合趋势已不再局限于线上。

这种跨界的重合不仅在慢慢打破树立在广告产业内部不同主体之

间的围墙，也在打破传统意义上的广告产业围墙，特别是信息服务的生产权利向公众的转移，要求广告产业以一种新的方式去提供一站式的服务，这必然导致从重合向融合的转变。

二、私有化信息平台主导的广告产业融合

（一）效率优先

广告公司只剩下创意部分，没有理由认为信息平台不能通过融合的方式替代广告公司的这项功能。在一个信息平台内，将广告主、广告媒体和广告公司的功能集于一身，提高了信息可用性，这既利于公众，也利于信息平台。

对公众来说，信息可用性的提升表现在公众能够更有效地使用信息，在同一个信息平台内获得所需要的所有信息服务，也就是笔者所说的"一站式服务"。这为公众节省了大量时间，公众可以将这些时间用在其他地方，从逐利性角度来看，这有利于公众利益。

对信息平台来说，信息可用性的提升同样提高了效率。一方面，信息平台比任何广告主都更清楚自身的技术流程、商务流程和信息使用者行为特点，可以帮助广告主更好地对接公众；另一方面，信息平台比任何广告公司都更了解公众，知道公众对信息平台的需求点和品牌诉求，能够更有效地维持现有用户规模，并持续获取新用户。因此，将广告产业不同主体的功能融合在一起，能大幅提升信息的使用效率。

（二）逐步替代

正是由于公众的"一站式服务"需求，使信息平台聚合了公众各方面需求，同时，由于越来越多的广告主也通过信息平台和公众进行

沟通，信息平台既掌握了公众的需求，也掌握了广告主的反馈信息和销售信息，这就使信息平台有能力替代广告主为公众提供服务。可以参考小米的发展轨迹，小米最早一批产品并不是现在公众所熟悉的手机，而是米聊社交软件、MIUI软件系统和小米社区，通过这三个信息来源，小米不断收集公众信息，引导公众发挥信息生产能力，邀请公众从起始阶段就参与到服务生产的整个流程中来。小米在其中承担着三种角色，首先是信息平台，聚合公众的需求信息，这些需求从内存大小、硬件设计到外观、操作习惯等不一而足；其次，小米是公众需求的代工厂，将公众的各方面需求汇总，予以实体化，并通过信息平台与公众保持持续的信息沟通，按照公众需求对产品进行优化；最后，小米是由公众塑造的"小米"这个品牌的维护者，"小米"在开始阶段是技术发烧友的代名词，这种特质既源于创始人雷军鲜明的个人特征，也源于公众的自我定位，最早一批参与到小米服务流程中的公众，自认为是一群技术达人和手机发烧友，所追求的是一种极致化的服务而不是普通的流行消费品，因而"极致"也就成了"小米"品牌的一大特征，雷军甚至将之作为一条准则广而告之。事实上，连雷军本人也已经品牌化了，作为"雷军"的这个品牌并不只属于雷军个人，而是属于公众，在那个手机市场被苹果、三星、摩托罗拉等外国企业统治的时代，雷军因为前期个人发展履历，被赋予了拯救国产手机的期盼，此时，"雷军"这个品牌与雷军这个人在多大程度上重合不得而知，但通过将"雷军"这个品牌与"小米"品牌联系在一起，在发展前期为小米节省了不少宣传费用，也拉近了小米与公众的距离，使小米成了公众诉求的一个表达通道。

信息平台对广告主服务生产领域的介入已持续、加速地扩大和加深。这种介入从手机、电脑、电视等电子消费品领域,扩展到了以汽车为代表的重型工业品领域,以猪肉、水果、家居等为代表的生活产品领域,以及以电影、音乐、游戏为代表的文化消费品领域,最终会发展到对广告主的全面替代,比如百度研发的电动汽车、网易生产的味央猪肉、咪咕成立的咪咕咖啡等。这些都是信息平台直接面向公众开展服务销售的例子。

信息平台介入广告主服务生产领域的另外一种方式,是联合生产或者合作生产。由信息平台提供公众需求信息,广告主结合需求信息调整生产流程,改善现有服务或者提供新服务。这种方式一方面可以加快公众需求的实现速度,因为很多服务的生产过程需要专业知识和设备,信息平台去学习这些知识和组织生产设备与材料需要时间,而与现有的广告主合作能够缩短这个时间,也降低了信息平台自身的运营成本;另一方面,不少广告主的品牌已经经过了公众的重塑,公众对其有着直接的利益相关性,在一个已经存在获得公众认可的成熟品牌的市场上重建一个品牌,并不一定会成功,特别是在"马太效应"原则下,既有广告主品牌因为能够持续地提供服务优化,使公众产生了依赖性,推倒重来或另起炉灶,都不一定能更好满足公众需求。

简而言之,信息平台因为掌握了公众所有的需求信息,就具备了满足用户需求的可能性,这种可能性使信息平台有了介入原本由广告主负责的服务生产流程的能力,这种介入能力带来了信息平台在服务生产流程中的主导性,并可以进一步替代广告主。

(三)双重依赖

信息平台对广告主的替代带来了两个后果:

第一个后果是广告主越来越依赖私有化信息平台所提供的公众需

求信息，形成了广告主对信息平台的依附性。这种依附性并不是指广告主单纯地沦落为代工厂，广告主依然需要保持与公众的主动沟通和即时反馈，只不过这种沟通和反馈越来越多地在信息平台上来进行和完成，受到信息平台的管理和控制。比如优衣库之前只能在天猫上进行销售，就表现出了信息平台对广告主的控制能力。这种控制能力直接影响着广告主日常经营行为，而公众的"一站式服务"需求又要求广告主不得不继续与信息平台进行合作，所以广告主在广告产业中的地位也在慢慢降低，而以广告主和信息平台为收入来源的广告公司，其依附性和可替代性就更为明显了。

第二个后果是随着私有化信息平台对服务生产流程介入能力的增强，公众也越来越依赖信息平台提供的各种服务，使信息平台之间出现了"强者愈强"的趋势。上文中笔者已经提到了由信息融合而带来的信息平台融合，现在伴随着信息平台对广告产业其他主体功能的替代和融合，信息平台间的融合速度和深度都增加了，慢慢形成了几个超级信息平台。此时的超级信息平台不只是对信息的聚合，还直接介入了公众生活的方方面面，为公众提供所有服务，满足公众所有需求。因而，由公众"一站式服务"需求所引发的信息平台对广告产业其他主体功能的融合，使广告主和广告公司都对私有化信息平台产生了强烈的依赖性，私有化信息平台成了广告产业的新核心。

第二节　信息垄断的危害

公众对信息平台的生活依赖反过来会伤害公众自身利益，限制公众影响力发挥。当信息平台逐渐融合为几个超级信息平台，甚至最终聚合成一个巨型信息平台时，它们既掌握了信息的生产，也掌握了信息的供给，还掌握了信息的使用。虽然信息平台的所有信息来自公众，但当信息平台掌握了信息主导权时，会决定信息在多大程度上可供公众使用，公众生产的信息在多大程度上可以得到传播，以及在多大程度上收集公众信息而不需要公众同意。

这直接形成了与公众作为信息生产者、信息提供者和信息使用者身份的竞争，使公众内生性影响能力受到限制。特别是考虑到无论是信息平台间的融合，还是信息平台对其他主体功能的融合，其背后都离不开资本的推动。虽然资本介入不必然带来公众损失，但资本以逐利性为目的的本质，要求自身利益最大化，而只有在垄断状态下，资本利益最大化才有可能实现。所以，当私有化信息平台实现了信息垄断，资本利益最大化就有了实现的充分条件，资本逐利性与公众逐利性产生了矛盾。

公众可以通过经济权利、政治参与权利和信息传播权利等外生性影响来约束资本行为，但由于私有化信息平台对信息的垄断，公众信息传播权利的作用大大降低，进而影响了公众政治参与权利和经济权利的使用。此时，公众所面对的不再是不同信息平台间的竞争，而是作为资本增值手段的信息平台集合体，所以公众不能再从信息平台间的竞争中"渔翁得利"。

一、作为经营者的私有化信息平台及其危害

作为商业经营主体，私有化信息平台的垄断地位将带来对公众经济权利的直接危害。

（一）店大欺客

在高速的生活节奏和对信息平台的莫名信任下，公众"一站式服务"需求导致对单一信息平台的依赖，虽然极大提升了效率，却也主动放弃了选择的权利，传统意义上的"货比三家"不再常见。这为信息平台提供了极大的操作空间，"大数据杀熟"已是公开的秘密，在计算机帮助下，信息平台的经济压榨能力空前提升，能够通过按照公众消费能力上限的价格从公众身上获得最大经济利润。马克思说："机器从一开始，在增加人身剥削材料，即扩大资本固有的剥削领域的同时，也提高了剥削程度。"[1]将此处的"机器"替换为"信息平台"，结论亦然。此外，因为广告主对信息平台的依赖，"只此一家，别无分号"的情况进一步降低了公众的选择能力。

（二）刺激过度消费

因为能够更精准有效地对公众实施信息匹配和信息包围，信息平台使公众暴露在远超出其必需的持续物质刺激之中。通过不断推出"网红"或"爆款"产品、景点、服务等，诱导公众"炫耀式"消费、"赶集式"消费和"比拼式"消费，营造"差一点就满足"的幻觉，使公众"总是怕'错过'什么，怕'错过'任何一种享受"[2]，这进一步提高了公众对信息平台的使用频率，加深了公众对信息平台的依赖，推动公众快速频繁地消耗其经济资源，并深陷其中难以自拔。

---

[1]〔德〕卡尔·马克思：《资本论（第一卷）》，中共中央马克思恩格斯列宁斯大林著作编译局译，人民出版社，2018，第454—455页。

[2]〔法〕让·鲍德里亚：《消费社会》，刘成富、全志钢译，南京大学出版社，2017，第62—63页。

（三）挟公众需求以令广告主

广告主对信息平台的依赖，实质上是对公众需求的依赖。信息平台对公众需求的掌控使广告主不敢轻易终止合作，因为可能导致收入的大幅下降，而这不符合广告主背后资本的利益诉求，尤其是对那些公开上市的广告主而言。这导致广告主不得不将可获得利润的大部分上交给信息平台，以维持收入规模，从而加深了对信息平台的依赖。广告主利润的下降必然导致供职于其中的公众个人经济收入的下降或相对下降，这也是信息平台损害公众经济权利的一个方面。

（四）变本加厉的二次售卖

信息平台为满足公众需求提供多种类型的服务，但除游戏以外，其主要利润来源依然是广告，对公众的"二次售卖"与传统媒体并无二致，而信息平台通过对公众信息的获取，使这个过程更为精准化、普遍化、高频化。这也进一步验证了笔者关于信息平台是广告产业新核心的判断。即使国家出台相关法律，信息平台也只是在最低限度上予以遵守。比如，《中华人民共和国个人信息保护法》第二十四条规定，"通过自动化决策方式向个人进行信息推送、商业营销，应当同时提供不针对其个人特征的选项"，这虽然要求信息平台提供不针对个人特质的选项，但并不会减少公众的广告接触总量，如《腾讯隐私政策更新》中提到，如关闭个性化广告服务，"您看到的广告数量不会减少，但您将不再接收到个性化广告"[1];《"抖音"隐私政策》中同样提到，"关闭后，将不再接收此类广告，你看到的广告数量不会变化但广

---

[1] 《腾讯隐私政策更新》，https://privacy.qq.com/policy/tencent-privacypolicy，访问日期：2021年11月10日。

告的相关度会降低"[1]。这种"二次售卖"是以出卖公众个人信息和时间为基础的，但公众从中却一分未得。

此外，为了追求广告收入最大化，信息平台上还充斥着虚假广告，尤其是金融类广告，在信息平台精准匹配的广告系统帮助下，其危害性较之传统媒体更大、波及的范围更广，这使公众的经济权利更易受到损害，而信息平台却长期以不负责审核广告内容为由，一边抽取广告收入，一边逃避责任义务。

二、作为资本代表的私有化信息平台及其危害

在资本主导下的私有化信息平台融合，为实现资本追求利润最大化的根本诉求，必然会利用强势市场地位打击中小企业，抑制竞争，寻求垄断。同时，信息平台对信息流程的把控及其私人属性，使信息平台具备了影响甚至引导公众舆论的能力，成了资本争取更大话语权乃至政治权利的重要通道。这些都对公众的经济权利、政治参与权利和信息传播权利构成了严重危害。

（一）减损社会总体福利

由于公众"一站式服务"需求要求信息垄断，资本逐利性要求市场垄断，两者的叠加使信息平台的垄断过程速度更快、范围更广，对创新的压制和对竞争的打击更明显。小型创新公司既是保持社会经济活力、推动社会不断发展进步的重要支柱和承载社会就业的重要方面，也是挑战既有市场格局的搅局者和有力竞争者。因此，处于垄断地位或寡头地位的公司为了维持其市场地位，一般会通过收编小型创新公

---

[1]《"抖音隐私政策"》，https://www.douyin.com/draft/douyin_agreement/douyin_agreement_privacy.html，访问时间：2021年11月10日。

司的方式消除竞争,如果收编不了,则会通过已形成的市场地位予以坚决打击。

信息平台在其发展过程中,同样采用了类似方式,致使社会上一度流传"创业最好的归宿就是被BAT收购"的说法。在国家市场监督管理总局对阿里巴巴公司的相关行政处罚决定中,明确指出"当事人有关行为排除、限制了市场竞争,降低了平台经营效率,妨碍平台经营模式创新,阻碍潜在竞争者进入市场,不当降低了市场竞争的强度和水平,影响网络零售平台服务在充分竞争中不断优化和发展,损害效果会传递到消费终端,不仅损害消费者现实利益,也会损害消费者期待利益,减损社会总体福利水平"[1]。

(二)压榨员工和内容生产者

私有化信息平台除了作为经营者获得经营收入外,其剥削行为还表现在对劳动力剩余价值的持续压榨上,这种压榨主要包括针对信息平台员工和内容生产者两个群体。对员工的压榨与工业时期工厂对工人的压榨在逻辑上并无二致。信息平台公司"996"甚至"007"的工作制度成为常态,虽然信息平台向员工支付了较部分公司更高的薪酬,但与信息平台自身所得相比依然是九牛一毛,而且社会上关于信息平台员工超过35岁即遭遇被动辞职的议论并非空穴来风,也进一步揭示了信息平台追逐员工剩余价值的本质,"剩余价值的生产是资本主义生产的决定目的"[2]。

对于内容生产者的压榨更为赤裸,因为绝大多数内容生产者与信

---

[1] 国家市场监督管理总局:《行政处罚决定书 国市监处〔2021〕28号》,2021年4月10日。
[2] 〔德〕卡尔·马克思:《资本论(第一卷)》,中共中央马克思恩格斯列宁斯大林著作编译局译,第265页。

息平台之间没有劳动关系的硬性约束。公众将生产的内容贡献给信息平台，信息平台以此来吸引更多用户。由于信息平台的垄断地位，大多数内容生产者是信息平台的无偿奉献者，即使能获得一定比例的广告分成或销售分成，不仅数额有限，而且没有讨价还价能力，"用户生产内容或者数据已经成为数字资本主义新的剩余价值的增长点"[1]。

(三) 损害女性及特殊群体利益

特别需要注意的是，信息平台在追求利润最大化的过程中，附带着产生了一系列社会问题。首先，因为需要对劳动力进行高强度压榨，加剧了女性的求职难度，降低了女性在职期间追求个人幸福和发展的可能性。

其次，由于私有化信息平台的信息垄断和对社会生活各方面的深度介入，使信息平台直接或间接提供的信息服务具备了公共服务属性，但信息平台对利润最大化的追求，必然导致其将重心和资源集中于最有利可图的群体，而对老人、残障人士等特定公众群体的关注明显不足，加大了特殊群体的日常生活难度，影响了特定公众群体的发展权甚至生存权。

随着公众可支配收入明显增加，未成年群体生活水平大幅提升，家长对未成年人群体的经济投入意愿和能力持续增强，未成年人自有的资金数额不断变多，信息平台也更加重视对未成年人相关收入的开发。比如，针对家长，通过算法使家长进入"信息茧房"，不断贩卖教育焦虑，引诱家长加码教育投入，并以提高效率、方便学生学习等名义，推出和售卖各类线上教育课程，导致了不必要的家庭教育投入和

---

[1] 姚建华、徐偲骕：《传播政治经济学视域下的数字劳动研究》，《新闻与传播》2021年第5期。

对未成年人的过度教育，影响了未成年人的全面发展；针对未成年人，利用其不成熟的人生观、世界观、价值观，通过流量控制，刻意打造流量明星，想方设法强化粉丝对流量明星的个人"忠诚"，通过设置打榜、应援、评控等方式内置商业广告，引诱未成年人"氪金"，导致无谓的社会资源浪费，如粉丝为追星购买27万瓶牛奶后直接倒掉，这同样影响了未成年人的全面发展，更加剧了未成年人的浮躁心态，一味追求所谓的"一夜爆红"或"一夜暴富"而忽略脚踏实地的个人奋斗。

（四）误导公众认知

由于私有化信息平台的垄断为资本带来了超额利润，资本有维持这种超额利润的需求，但对竞争者的持续打压和对劳动力的持续压榨，必然导致抗议和抵制。为维护其超额利润，资本需要安抚和麻痹公众，于是，资产阶级在争夺西方国家政治参与权利和国家统治权力时的运作方式再次登台。

与大众传播时代相比，在新信息传播环境下，信息平台既是资本获得超额利润的手段，也是资本掌握公众舆论的工具，这加强了资本争夺话语权的能力。从强调信息平台员工的高工资和舒适的办公环境、个别内容生产者的超高回报、信息平台创业者的传奇经历，到鼓吹信息平台公司优于其他类型公司的管理能力、创新能力和社会贡献能力，从宣扬超长工作时长是福报和个人奋斗的标志，到炒作文娱领域丑闻八卦，资本将公众的注意力从重点问题上引开，并使资本追求超额利润的行为合理化，使公众的政治参与权利和信息传播权利受到了极大压制。

三、作为国家安全工具的信息平台及其危害

由于信息在新信息传播环境中的核心作用和与社会方方面面的深入交织，信息成为影响包括政治安全、意识形态安全、文化安全、网络安全、数据安全、人工智能安全等诸多国家安全领域的关键因素，尤其是在百年未有之大变局下，随着中美战略博弈的加剧，两种制度、两种主义的竞争越发激烈，美国对华为等中国科技企业的打压进一步提升了国家对信息安全的重视程度，而私有化信息平台对信息的垄断，与作为公众利益集合体的国家产生直接冲突，威胁公众生存基础。

（一）影响国家安全

无论是从霍布斯将国家视为公众行为惩罚者的角度，还是从洛克将国家视为公众行为安全阀的角度，国家的一项基本功能是通过合法使用暴力来保护公众的生存空间，对于任何影响公众生存的其他力量予以打击，即我国宪法第二十九条所说的"中华人民共和国的武装力量属于人民。它的任务是巩固国防，抵抗侵略，保卫祖国，保卫人民的和平劳动，参加国家建设事业，努力为人民服务"。

虽然现代国际纷争普遍提倡用谈判的方式解决，但双方总会有无法达成一致的情况，此时只有战争才能解决问题，事实上，谈判的基础也取决于双方的战争能力，只有相对平衡的战争能力才会需要双方进行利益妥协。思考一下美国对伊拉克和阿富汗发动的战争，这一点就很好理解了。同样，美国在韩国部署"萨德"系统就直接影响了中国的国家战争能力，因而引起了中国政府和中国公众的强烈抵制。

当私有化信息平台聚合了社会各方面信息，并实现信息垄断，信息平台就掌握了战争中最重要的核心资源，信息平台对信息的垄断，

其实就是对公众生存基础的垄断。如果这种核心资源被别的国家获得,就将直接影响国家战争能力。滴滴赴美上市被叫停并受到多部委联合审查,即是私有化信息平台对他国公开公众信息造成国家安全风险的典型例子。

(二)影响意识形态安全

私有化信息平台这种极强的信息垄断能力,必然导致信息平台对国家政治议程的过度参与和干涉,这归根到底还是资本追求超额利润的结果。在西方资本主义国家,超级信息平台左右主权国家选举、对内对外政策甚至政权交替已不是新闻,更有甚者直接惩戒主权国家,比如因澳大利亚政府通过新闻付费决议,Google停止在当地的服务。这是私有化信息平台垄断的直接后果,是资本全球流动、追求最大利润的逐利性最新体现,"资本的运动是没有限度的"[1]。

在国内,主要信息平台已表现出类似特征,成为谣言和负面信息的首发地、集散地和扩音器,一度压制公众权利、影响公众利益,但因为中国共产党的领导,使公众的力量虽曾短期受到蚕食,但已获得长期压倒性优势。这体现出了中国特色社会主义制度与西方资本主义制度的重大区别,体现了中国共产党以人民为中心的发展理念和执政思想。

四、作为私有化信息平台所有者的个人及其危害

私有化信息平台掌握了信息这一核心资源,顺应了先进生产力的发展要求,佐之以资本,使私有化信息平台所有者在短时间内积累了

---

[1]〔德〕卡尔·马克思:《资本论(第一卷)》,中共中央马克思恩格斯列宁斯大林著作编译局译,第178页。

大量财富和社会资源，这符合我国让一部分人先富起来的发展思路。

但部分"先富"并没有积极地带动"后富"，除了偶尔为之的作秀式慈善和以打造个人形象为主的公益活动，少数信息平台所有者将大笔财富用于个人消费和金融活动，追求极致的个人享受和私人财富的持续膨胀。同时，他们乐于向公众展示顶级富豪的奢靡生活，各种"炫富"内容通过信息平台的快速传播被公众所熟知，穷奢极欲的生活方式使公众形成了对贫富差距拉大和社会阶层固化的错误印象，尤其是使不少涉世未深的年轻人产生了极度浮躁和过度追求虚荣的心态。而且，通过发表伪装成公众诉求、实质为自身利益的言论，私有化信息平台所有者挑拨了公众与政府的关系，冲击了社会稳定和公众在国家带领下实现"共同富裕"的信心、决心、耐心。

此外，随着私有化信息平台对公众舆论的控制和对少数官员的腐蚀，信息平台所有者的政治影响力和舆论操纵力更是凸显了其所谓"特权阶级"的身份定位。比如，阿里巴巴的蒋凡出轨事件，在其妻子曝光相关信息后，阿里巴巴控股的新浪微博居然直接对其妻子的微博进行了封号处理，这一对公众信息传播权利的赤裸干涉，立即引起了广泛关注和声讨。

五、作为生态重要参与者的私有化信息平台及其危害

与上述其他角色相比，私有化信息平台作为生态重要参与者的身份虽尚未被广泛关注，但却对全球生态环境产生了实实在在的影响。地球是人类赖以生存的基础，尤其是近年来的全球气候变化，对人类生存提出了许多新挑战，比如更为频繁的飓风和各类地质灾害、不断融化的冰川、持续上升的海平面、大范围干旱导致的农作物歉收等。

第五章　私有化信息垄断对公众的影响

　　私有化信息平台对信息的全量存储、不间断分析和即时反馈，对地球资源的消耗产生了巨大的需求，对电力的需求导致化石能源的持续消耗，进而加大了二氧化碳等温室气体的排放，而大型数据中心的散热需求导致信息平台对水资源的消耗，即使尝试将大批量经过防水处理的计算机沉入海底以减少对淡水资源的浪费，也对海洋生态系统产生了新的影响。

　　此外，私有化信息平台对公众物质需求的过度刺激，也加剧了各个产业对地球资源的消耗程度，比如，为满足顶级时装品牌对皮革的需求，巴西养牛业的快速发展加快了亚马孙雨林的毁坏速度，这是近年来亚马孙雨林频发大火的诱因之一。而"网络景点"虽提升了当地经济和旅游产业，但也带来了环境污染、物种入侵、安全隐患等新问题，打破了原有的生态平衡。

第六章 公众反制和对广告产业的影响

公众具有群体性、综合性和能动性的本质，面对私有化信息平台信息垄断带来的危害，公众可以通过发挥其外生性和内生性影响予以反制。其中，不同作用类型的反制效果和方式并不相同，个别作用类型起到了更为重要的反制效果，但不应认为其他作用类型是无效或者多余的，也不应认为外生性影响或内生性影响其中一种是无效或者多余的，因为外生性影响和内生性影响的作用是相互交织、共同生效的。这种对私有化信息平台的反制，因私有化信息平台在广告产业中的核心位置，也影响着广告主和广告公司的发展。

第一节 公众外生性影响的反制方式及其对广告产业的影响

一、直接即时约束性作用：减少对单一平台的依赖

防患于未然好于亡羊补牢。阻止信息垄断的最直接方式是阻止私

有化信息平台间的融合。私有化信息平台力求对公众"一站式服务"需求进行满足，从而将公众锁定在自身体系内，但目前公众对不同信息平台的交叉使用还非常频繁，比如公众使用微信交流、使用百度搜索信息、使用淘宝购物、使用抖音观看视频。只要公众还保持着多平台的需求满足，私有化信息平台就无法实现最佳状态的信息垄断。在信息平台的彼此竞争中，公众需要时刻保持选择的权利，即通过发挥经济权利维护自身利益。

然而应看到，这种方式对公众提出了集体理性的高标准要求，每个公众个体都必须对信息垄断的危害有着清醒认识，愿意在一定范围内牺牲个人效率，并经受住私有化信息平台的持续引诱，因而很难成为阻止信息垄断的最有效方式。但公众多元性利益诉求，或者所谓"薅羊毛"的心态，能够在一定程度上放缓私有化信息平台的融合速度。

对广告主来说，公众对单一信息平台依赖的减少，虽然从收入角度降低了规模经济效益，但增加了广告主的自主性和与信息平台的议价能力。广告主可以通过在不同信息平台上推出不同的产品组合或产品类型，为公众提供在各信息平台间比价的空间，为自身保留多元选择的能力。

对广告公司来说，广告主的多元选择能力为其带来了小型且高频次的业务机会，不同信息平台的特性差异意味着需要针对性的广告创意方案，而如何在这些不同创意中既体现品牌统一性又实现品牌广覆盖，才是体现广告公司真正价值之所在。

二、间接约束性作用+滞后约束性作用：法律法规的完善

在公众外生性影响中，间接约束性作用和滞后约束性作用都偏向于事后补救，但亡羊补牢也是积极作为，特别是当面对新信息传播环境时，摸着石头过河的改革经验依然有效，先发展再规范的方式尤其适合面对新生事物。随着部分私有化信息平台发展中暴露的问题越来越明显，特别是在中华民族伟大复兴战略全局和世界百年未有之大变局的大背景下，部分私有化信息平台在背后资本推动下对国家政治、经济、社会、文化、生态等方面秩序的冲击和破坏，使作为公众利益代表的国家需要通过完善法律法规，来保障社会发展稳定和国家安全。

在维护国家安全方面，国家陆续修订和出台了《中华人民共和国宪法》《中华人民共和国国家安全法》《中华人民共和国数据安全法》《中华人民共和国网络安全法》《中华人民共和国反外国制裁法》《网络安全审查办法》《关于加强国家网络安全标准化工作的若干意见》《云计算服务安全评估办法》等。

在维护个人利益方面，陆续修订和出台了《中华人民共和国个人信息保护法》《中华人民共和国消费者权益保护法》《中华人民共和国电子签名法》《信息网络传播权保护条例》《App违法违规收集使用个人信息行为认定方法》《常见类型移动互联网应用程序必要个人信息范围规定》等，并对特定群体出台《中共中央国务院关于加强新时代老龄工作的意见》等。

在为资本设置"红绿灯"方面，陆续修订和出台了《中华人民共和国反垄断法》《中华人民共和国反不正当竞争法》《国务院关于非公有资本进入文化产业的若干决定》《关于推动资本市场服务网络强国建

设的指导意见》等，成立国家反垄断局。由于信息垄断的特殊性，在此有必要对反垄断进行更为细致的讨论。反垄断可以保护市场公平竞争，提高经济运行效率，维护消费者利益和社会公共利益。在工业社会中，资本对市场的垄断会使公众支付过高成本，造成社会经济无谓损失，其垄断行为相对容易判断。但在新信息传播环境下，信息融合不仅能带来经济效率提升，增加社会利益，而且这种融合是资本逐利性和公众逐利性共同推动的，这反而使阻止信息垄断会在一定程度上导致公众利益受损和经济效率降低。这种由公众多元利益诉求导致的内在矛盾性，向针对私有化信息平台的反垄断审查提出了更高要求。

在指导私有化信息平台发展方面，陆续修订和出台了《互联网信息服务管理办法》《互联网信息服务算法推荐管理办法》《互联网用户账号名称管理规定》《互联网群组信息服务管理规定》《互联网信息搜索服务管理规定》《互联网用户公众账号信息服务管理规定》《互联网直播服务管理规定》《即时通信工具公众信息服务管理规定》《网络信息内容生态治理规定》《网络音视频信息服务管理规定》《微博客信息服务管理规定》《互联网跟帖评论服务管理规定》《市场监管总局关于加强网络直播营销活动监管的指导意见》等。

在指导广告产业发展方面，陆续修订和出台了《中华人民共和国广告法》《互联网广告管理暂行办法》《关于做好〈互联网广告管理暂行办法〉贯彻实施工作的通知》《市场监管总局关于深入开展互联网广告整治工作的通知》《开展互联网金融广告及以投资理财名义从事金融活动风险专项整治工作实施方案》《公益广告促进和管理暂行办法》等。除立法外，国家还通过建立跨部门机制和开展专项整治的方式，对持续时间长、影响较大、公众反映较强烈的广告问题予以解决和治理,如建立整治虚假违法广告工作联动机制,成立全国广告道德委员会等。

通过以上的列举,既可以看出私有化信息平台对社会各方面的深度介入,也可以看出国家作为公众利益的保护者,从宏观、中观、微观各个层次开展的有效应对。这充分反映了我国全过程人民民主的有效性和适用性,体现了我国人民当家作主的本质,凸显了中国共产党领导下的社会主义政府与西方资本主义政府的显著区别。

对广告主而言,一系列法律法规既是针对私有化信息平台的要求,也是针对广告主的要求,因为从根本上,信息平台和广告主都是满足公众需求的服务者。同时,由于资本的介入,如何有效把握政府与市场的关系,非公有制经济如何真正成为社会市场经济的重要组成部分,不仅是政府的重大课题,也是广告主及其背后资本的重大课题。

对广告公司而言,更细致明确的法律法规进一步规范了创意的边界,适应规则并在规则范围内实现创新,对广告公司提出了更高要求。但这同样是一个优胜劣汰和自我革新的重要过程,在面对信息平台和广告主对原有广告流程的深度介入和改变时,如何创设符合新信息传播环境的广告模式和流程,探索具有中国特色的广告公司发展路径,直接关系到广告公司在未来广告产业中是逆风翻盘抑或继续沉沦。

三、个人资本逐利性作用:象征性的约束与收益

公众作为个人股东的利益诉求,与私有化信息平台背后资本集团的利益诉求具有一致性,因而个人资本逐利性作用在面对信息垄断时,所能起到的反制作用是有限的、伴随性的,有时甚至因公众信息传播者的身份,反而成为助长信息垄断的帮手。

一方面，对于愿意长期持有股票并通过分红方式获得个人收益的公众，绝不希望私有化信息平台因违法违规行为导致被处罚、暂缓上市或者退市，比如蚂蚁金服上市暂缓就导致部分获得新股购买权的公众预期收益大幅降低。因而，公众会在一定程度上要求私有化信息平台加强经营合规性，以保障个人资本的保值增值，但正如在第三章中分析的，作为信息平台的小股东，在公众对私有化信息平台经营事务的知情权都难以得到完整保障的情况下，其个人资本逐利性作用对私有化信息平台的约束只具有象征性。

另一方面，由于追涨杀跌的逐利心态，公众会自觉或不自觉地为私有化信息平台的信息垄断行为辩护，以期实现在信息平台股票达到高位时的抛售，但也因为追涨杀跌的逐利心态，真正做到高位抛售、利益入袋为安的仍是少数，大部分公众所谓的资本收益都仅体现在纸面上，同样仅具有象征性。

四、行业协会：私有化信息平台的自我约束与利益协调

公众的外生性影响也带来了另一种可能，即私有化信息平台的自我约束行为。这种自我约束对内表现为对经营模式、业务流程的合规性审查，以及对公众舆论的实时监测；对外表现为参与或组建行业协会，开展行业自律。

在广告产业中，私有化信息平台通过加入已有行业协会——中国广告协会，来实现外在的自我约束，并通过行业协会进行利益表达。私有化信息平台的这种自我约束，看似是对公众利益诉求的主动回应，实则是对公众间接约束性作用和滞后约束性作用的被动应对，以及为维护自身利益而进行的"统战"尝试。

不应对私有化信息平台的这种自我约束抱以过高期望和幻想，无论是作为资本代表还是经营实体，不设限的发展才能带来巨额的经济利益回报，因而其自我约束一定会维持在最低标准，是一种在灰色边缘的观望与试探。

对广告主和广告公司来说，一方面，其对私有化信息平台的依附性，使其不得不与信息平台保持基本的一致立场，推动行业协会向国家进行诉求反馈；另一方面，行业协会为其提供了表达自身关切、与信息平台开展议价谈判和利益协调的机会，维护了其在广告产业中的地位和合理诉求。

对公众来说，即使是经过妥协后的最低自我约束标准，行业协会依然起到了抑制信息垄断和资本无序扩张、规范信息平台广告经营行为、维护公众利益的作用，并对引导广告产业的整体健康发展发挥了积极作用。

第二节　公众内生性影响的反制方式及其对广告产业的影响

一、生产性作用+前置约束性作用：受限的能力与公共信息平台的平衡

公众生产性作用和前置约束性作用都是对服务生产流程的深度介入，作用对象包括广告主、广告公司和私有化信息平台，而前两者对私有化信息平台的依附，导致生产性作用和前置约束性作用要想正常发挥作用，不仅需要国家法律法规的保障，更取决于私有化信息平台的开放和竞争程度。当私有化信息平台实现信息垄断后，虽然依然需

要公众的生产性内容丰富供给和维持对广告主的控制，但由于竞争的减少和对传播通道的掌控，私有化信息平台能从维护自身垄断地位的角度出发，选择性使用公众的生产性内容。由于公众生产性作用的受限，其前置约束性的效果也会大打折扣，而公众反制措施的选择范围也因信息传播权的减弱而不再丰富。

（一）另起炉灶

第一种反制手段是支持新私有化信息平台。新进入者能够增加竞争，使公众保持"渔翁得利"，但新信息平台的发展需要时间和一定数量公众的持续生产性支持，因为公众是新信息传播环境的核心和原动力。

这种方式同样对公众提出了集体理性的高标准要求，而且正如上文提到的，任何服务提供商的更换都是一种涉及时间成本和情感成本的体验切割，这加大了公众扶持新信息平台的难度。同时，也如上文分析的，处于垄断地位或寡头地位的私有化信息平台可以通过收编新信息平台或通过已形成的市场地位予以坚决打击的方式，抑制新信息平台的发展。此外，这还要求新信息平台的经营者需要有高超的经营能力。所以，这种反制手段虽然看似可行，但成功概率有限。

（二）破镜重圆

第二种反制手段是公众将生产性内容通过另外一种类型的信息渠道予以传播，这将对信息垄断产生釜底抽薪式的作用。这种渠道就是在广告产业中被信息平台所取代的传统媒体。

传统媒体的事业性身份决定了其公共属性，尤其是随着在广告产业中地位的下降和广告收入占比的减少，传统媒体的公共传播属性更加突出，社会效益成为其新的衡量和评判标准。通过对新信息传播环境的适应，传统媒体也逐步具备了私有化信息平台的物质和技术基础，这为其平台化转型提供了条件。当公众因私有化信息平台的压迫而出走时，由传统媒体转型而成的公共信息平台能有效承载公众的生产性需求，保障公众合理利益诉求的有效表达，公众的生产性作用可以在公共信息平台上正常发挥作用，其前置约束性作用的发挥空间因公共信息平台的公共属性而持续扩大，同时，公众的生产性内容也助推公共信息平台的信息传播循环持续快速转动，而且公共信息平台因国家对其的支持不会被私有化信息平台兼并或消灭。

当然，公众同样会遇到集体理性和体验切割的问题，但公共信息平台的存在能够使公众有效平衡私有化信息平台的影响，为打破信息垄断提供了有效工具。这也是中国制度优势的具体体现。

二、集体资本逐利性作用：公众所有制的信息平台

国家作为公众利益的集合体，有保护公众利益的责任和能力。在公众外生性作用的影响下，国家通过完善法律法规的方式对信息垄断予以规制，而在公众内生性作用的影响下，国家可以通过直接介入私有化信息平台服务生产流程的方式，对信息垄断予以限制和引导。

（一）国家即平台

有两种方式可以实现国家介入，第一种方式是要求私有化信息平台开放信息权限，将所有信息同步传递到国家可控的存储空间，也就是将国家变成超级信息平台。这种情况下，由于国家是公众的代表，国家对信息的所有也就是公众对信息的所有，国家在此基础上按照公众需要提供信息服务，公众通过缴税的方式来维持超级信息平台的运转。

这种方式所产生的问题会导致国家与私人企业之间的直接竞争，这将打击私人企业的经营意愿，而卡斯特认为"获利力与竞争力，才是技术创新与生产力增长背后的真正决定因素"[1]。企业经营意愿的降低会直接导致其不愿再将经营所得投入到新的技术创新中，并逐渐减少现有经营范围，从而影响国家健康发展和公众就业。这种方式虽然解决了私有化信息平台的信息垄断问题，但却影响了社会的可持续发展和经济效率，既不符合"使市场在资源配置中起决定性作用"的方针政策，从长远看也不符合公众利益。

（二）公众即资本

第二种方式是国家作为公众代表，以公众集体资本方式成为私有化信息平台的重要股东。这种公众集体资本与公众个人资本是不同的，是以保护公众集体逐利性为目的。这种集体逐利性超越了个体逐利性，更能体现公众群体性的特征。同时，正如上文提到的，个人资本逐利性作用由于对私有化信息平台介入能力有限，仅具有象征性，而集体资本逐利性由于所占股权较大，对信息平台的服务经营模式具有更强话语权，因此属于一种内生性影响。

这种方式既不会影响信息平台发展，因为此时公众资本利益与信息平台利益是一致的，信息平台的发展会增加公众资本收益，所以无论信息平台之间如何融合，都不会与公众利益产生矛盾，反而会促进公众需求的更好满足；也解决了因私有化信息平台的信息垄断对公众生活和生存的不利影响，因为此时信息是公众所有的，不利于公众的行为能够在发生前被公众知悉和制止，公众前置约束性作用更为明显。

---

[1]〔西班牙〕曼纽尔·卡斯特：《网络社会的崛起》，夏铸九、王志弘等译，第111页。

因此，公众的内生性影响在这个过程中表现为集体资本逐利性作用和前置约束性作用。

这种方式也需要国家建立统一的信息存储中心，用于备份不同信息平台上的信息，只是此时这种存储备份是一种公众的信息安全阀，而不再是信息服务市场的竞争者。当然，并不是所有的私有化信息平台都需要公众集体资本介入，在近期公布的《互联网平台分类分级指南（征求意见稿）》中，结合用户规模、业务种类及限制能力等角度，国家市场监管总局将信息平台划分为超级平台、大型平台和中小型平台三类，这为公众资本的介入提供了一种相对客观的标准。对于超级平台，可以考虑由国家层面的公众集体资本入股，大型平台和在特定领域具有特殊影响力的中小型平台由行业主管部门组织公众集体资本入股，从而形成分级分类的公众所有制信息平台。

笔者认为，公众所有制的信息平台是消除私有化信息平台对公众生活和生存不利影响的最佳方式，有利于公众的整体利益。

第三节　公众外生性影响与内生性影响的关系

公众对广告产业的外生性影响是公众社会影响在广告产业中的延伸，并随着新信息传播环境的发展而逐渐丰富。公众对广告产业的内生性影响则根植于新信息传播环境，是随着数字信息技术发展而出现的。

面对信息垄断对公众权利的抑制和利益损害，公众需要综合运用其外生性影响和内生性影响予以反制。其中，通过发挥间接约束性作用和滞后约束性作用推动法律法规完善，以及通过集体资本逐利性作用成为私有化信息平台股东，是最有效的反制方式；生产性作用和前置约束性作用因为公共信息平台的存在，也发挥了一定的平衡和抑制作用，但对公众集体理性的要求、对公众体验切割的要求和对公众牺牲效率的要求，使生产性作用和前置约束性作用难以成为主导性的作用类型；这些要求对直接即时约束性作用和个人资本逐利性作用的影响更为明显，因而这两种作用类型只起辅助和象征性的作用。

作为对公众间接约束性作用和滞后约束性作用的被动回应，私有化信息平台通过加入行业协会的方式，以最低标准进行自我约束，这同样符合公众利益诉求和广告产业的健康发展。广告主和广告公司因其对信息平台的依附性，虽然不得不与信息平台保持相当程度的一致性，协助信息平台实现信息垄断，但也在公众的反制过程中，提升了自身与信息平台的议价能力和自主性。

因此，笔者认为公众对广告产业既产生了外生性的影响，也产生了内生性的影响。在公众形成初期，外生性影响起主导作用，随着数字信息传播技术的发展，内生性影响逐渐显现，重要性逐渐上升，最终，中国广告产业会进入外生性影响与内生性影响同时发挥作用的综合性发展阶段，推动广告产业持续健康发展。

第七章 结论与思考

第一节 结论

中国广告产业的依附性和意识形态相关性特点,要求对中国广告产业的研究必须与对中国社会的研究相结合,与对构成社会基础的人的研究相结合,成为对人的研究的一部分。"公众"概念因其同时具备群体性、综合性和能动性,使其成为研究"人"与中国广告产业发展关系的合适概念。

中国社会中公众的形成,在构成条件上与西方公众类似,但发展过程有其特点,体现出中国历史传统与现实发展需要的有机结合。中国广告产业中公众重要性的提升,是中国社会发展与产业发展的一致要求和必然结果,其中,中国社会中公众的发展为广告产业中公众的发展提供了可能,而产业发展使这种可能成为现实。

中国广告产业中的公众,是指通过延伸其在中国社会中的作用和权利,结合新信息传播环境所赋予的能力,对中国广告产业发挥外生性和内生性影响的一群人。这个群体以具有中国国籍的公民为主。他们具有身份多重性、利益多元性和作用多样性的特点。

公众的外生性影响，是指公众不介入广告服务生产流程而对广告产业发展所产生的影响。这种外生性影响是中国社会中公众作用和权利在中国广告产业中的延伸。新中国公众的产生条件是同时具备、依次成熟的。在宪法设立时，就明确了人民群众的参政权（即政治参与通道）、受教育权、言论自由和财产保护。随着社会发展，各项权利的内容更丰富，保障更加有力，尤其是随着数字信息传播技术的快速发展，公众的信息传播能力大幅提升。在政治参与通道、信息传播通道、受教育权利和私有财产的基础上，公众获得了经济权利、政治参与权利和信息传播权利，展现出约束性作用和逐利性作用。在广告产业中，这种外生性影响又可细分为直接即时约束性作用、间接即时约束性作用、滞后约束性作用和个人资本逐利性作用。

公众的内生性影响，是指公众通过介入广告服务生产流程而对广告产业发展所产生的影响。公众的内生性影响源于新信息传播环境中，信息成为推动产业发展的关键，而公众是信息的根本来源。新信息传播环境的出现，是因为三个方面的提升改变了信息收集与分析方式、信息使用方式和信息生产方式，这三个方面是：由信息数字化而带来的信息可用性的提升、由信息传输能力优化而带来的信息传播速度的提升，以及由计算机存储与运算能力改进而带来的信息使用效率的提升。所谓数字化，是指将文字、图片、音视频和各类信息按照以"0"和"1"为代码的编码方式编码或重新编码，成为以比特为基本单位的可编辑、存储、压缩和传输的电子信息流。当然，公众的逐利性对技术发展的促进和抑制作用，也是新信息传播环境产生的重要原因。公众内生性影响可细分为前置约束性作用、生产性作用和集体资本逐利性作用。

新信息传播环境的出现，改变了公众使用习惯，加强了公众权利，释放了公众生产能力，提升了公众地位，打破了中国广告产业原有格局。在公众"一站式服务"需求和资本逐利性需求的共同推动下，私有化信息平台由信息聚合和传递开始，慢慢介入服务生产过程，进而深入社会生活各个方面，中国广告产业形成由私有化信息平台主导、广告主和广告公司辅助的新格局，传统广告媒体则被迫加速离场，更加突出其公共属性，注重社会效益，成为公共信息平台。

在中国广告产业新格局中，私有化信息平台向公众提供信息过滤、信息搜索、信息审核、信息管理和信息聚合服务；广告主成为公众需求代工厂和被公众重塑后的品牌的维护者；广告公司仅仅保留了广告创意及延伸的辅助性职能。广告主和广告公司对私有化信息平台有极强的依附性，这种依附性源于公众对私有化信息平台的依赖性；同时广告主和广告公司有随时被信息平台替代的风险。这最终会导致私有化信息平台对信息的垄断。

部分私有化信息平台通过信息垄断对公众利益构成广泛侵害，包括：

作为经营者，利用公众依赖性，以前所未有的力度加大对作为消费者的公众压榨，并变本加厉地将公众进行二次售卖，抽取广告收入，逃避责任义务；

作为资本代表，对外利用其强势市场地位打击中小企业，抑制竞争，寻求垄断，对内不断压榨员工和内容生产者剩余价值，并对女性群体、老年群体、残障群体和未成年群体持续产生不利影响，同时，通过影响公众舆论争夺更大话语权和政治利益，对公众经济权利、政治参与权利和信息传播权利构成严重危害；

作为国家安全工具，在世界百年未有之大变局和中美战略博弈日趋白热化背景下，严重影响国家保护公众利益和维护国家安全的能力；

作为先富人群，部分私有化信息平台所有者穷奢极欲的生活方式，使公众形成了对贫富差距拉大和社会阶层固化的错误印象，冲击了社会稳定和公众在国家带领下实现"共同富裕"的信心、决心、耐心，挑拨了公众与政府关系；

得益于中国的制度优势和中国共产党"以人民为中心"的执政思想与发展理念，公众能够通过发挥外生性影响和内生性影响，有效解决私有化信息平台信息垄断的问题。在外生性影响方面，公众主要通过发挥间接即时约束性作用和滞后约束性作用，推动法律法规完善来抑制信息垄断形成，规范私有化信息平台经营行为，迫使私有化信息平台进行自我约束；受制于公众的多重身份和多元利益诉求，直接即时约束性作用此时所能发挥的空间有限，而个人资本逐利性作用更是仅具有象征性意义。

在内生性影响方面，公众借助于国家发挥集体资本逐利性作用，以私有化信息平台股东身份介入信息平台服务经营流程，将私人信息平台分级分类地转变为公众所有制信息平台，使公众利益与私人资本利益共生双赢；同样受制于公众的多重身份和多元利益诉求，公众的生产性作用和前置约束性作用更多的是通过公共信息平台发挥作用，公共信息平台成为公众平衡和抑制私有化信息平台信息垄断的有力工具，这再一次体现了我国的制度优势。

因此，公众对中国广告产业的影响是综合性的，是基于当今中国具体实际，由外生性影响和内生性影响共同构成。面对不同的发展阶段和发展问题,外生性影响和内生性影响产生的作用不同,体现为其内部各种子作用类型不同的排列组合。这种综合性影响将是长期的,并推动新时代中国广告产业持续健康发展。

第二节 思考

一、狭隘的信息过滤器

波斯曼说"不用计算机也可以做很多事情"[1]。事实上,在信息处理这件事上,人类能够做的越来越少,信息快速增长使得对信息的收集与分析更多地依赖计算机来完成,不可运算的范围随着信息融合以及人工智能的发展而逐渐缩小。计算机的运算是基于对过往信息的收集和分析而得出的概率,这种概率又会反过来影响计算机下次为公众提供的内容。在这个过程中计算机去除了小概率的信息,呈现在公众面前的是大概率信息,所以公众的选择被预先设定了范围,而公众在这个范围内的选择又进一步验证了计算机运算的结果,到最后,是概率自己证明了自己的正确性,与公众的实际选择无关。

笔者在上文提到公众自己为自己生产内容,而计算机来审核内容准确性,这是一个荒诞却真实的场景。计算机实际上是一个目光非常狭隘的信息过滤器,只呈现给公众相似的、片面的信息,但公众本身具有综合性的内涵,要求全面而丰富的信息来源。这种矛盾并不容易被公众洞悉,所以当每个公众以为其他公众与自己看到了类似信息时,

---

[1] 〔美〕尼尔·波斯曼:《技术垄断 文化向技术投降》,何道宽译,第69页。

实际上每个公众看到的是强化其自我观点的不同信息。这加剧了因公众多元利益诉求而带来的公众冲突与分裂，每个公众都以为自己是公众集体利益的代表，但事实上谁都只代表了自己的利益。因此，人类有必要对此保持足够警觉。

二、脆弱的线上盛世

新信息传播环境下，万物互联极大提升了人类生活的便捷性、便利性，元宇宙的成熟极大拓展了人类生活空间，可穿戴设备和生物识别技术极大解放了人类的身体负担，基于线上的、虚拟的、去实体化的发展实践仿佛使人类进入了一个新的盛世。

但更为频繁的海啸、地震、洪水等自然灾害又在一次次提醒我们，人是实体的物质性存在，线上盛世既繁华又脆弱。在2021年河南洪灾期间，因为断网断电，脱离开网络，脱离开线上支付、线上娱乐、线上通信，人们熟悉的生活变得陌生，习惯的生活方式变得不再适用。此外，换脸、变声、VR、仿生等数字技术的发展，模糊了身份和性别，使眼见不再实、耳听不再真，解构了人际交往中最基础的信任感和现实感。人们对线下的回归和对再实体化、再现场化的需求，将为中国广告产业发展提供新机遇和新发展方向，线上的繁荣需要更牢固的线下基础。

三、什么是新时代中国特色广告产业

广告产业意识形态相关性和依附性的特点意味着，广告产业的发展必须与其所在国家的历史文化、发展阶段和时代特点紧密相连。中国广告产业亦是如此。党的十八大以来，中国迎来了新时代，形成了

新的发展理念，步入了新的发展阶段，提出了新的发展要求，呈现出新的发展特点，在中国式现代化的道路上大步前行。在社会主义建设新征程中，中国广告产业应如何适应时代新变化、满足发展新要求，坚持正确导向，助力第二个百年奋斗目标早日圆满实现，是中国广告产业从业者必须回答的时代之题，更是中国广告产业实现自身高质量发展的必然要求。

（一）把握中国国情，在新发展阶段实现高质量发展

新时代我国社会主要矛盾是人民日益增长的美好生活需要和不平衡不充分的发展之间的矛盾。这既是新发展阶段的特点，也是新发展阶段需要解决的问题。在全面建成小康社会后，如何更好实现共同富裕、实现物质文明与精神文明相协调、实现人与自然和谐共生，已成为党和国家带领全国各族人民不断奋进的新目标，也是中国广告产业实现高质量发展的出发点和发展方向。

具体而言，广告主应充分认识到我国人口规模巨大的市场优势，以及历时性发展与共时性发展共存的国情现实，聚焦市场、开拓视野，利用好实现乡村振兴和全国统一大市场的巨大机遇，设计、生产、销售符合广大人民群众实际需求的好产品，推动城乡发展和人民生活水平不断提高。信息平台和广告公司应以有助于实现物质文明和精神文明共同富裕为重点，帮助广告主准确挖掘机会、正确宣传展示，营造积极向上、团结拼搏的社会氛围。公众应树立绿色、节约、可持续的消费观，不盲目攀比跟风，依照自身可负担的消费能力，兼顾物质与精神、当前与长远，注重培养绿色低碳的生活方式，逐步提高个人和家庭生活质量，既做高质量发展的获益者，更做高质量发展的贡献者。广告监管者应牢牢站稳人民立场，在立法、执法、司法、监管各个方

面回应人民期盼,满足人们愿望,统筹发展与安全,为资本设置好"红绿灯",坚决打击垄断和不正当竞争,打造公平公正、合理竞争的广告产业发展环境。

(二)立足中华文明,从中国优秀文化中寻找源头活水

中华文明源远流长、博大精深,是中华民族独特的精神标识,是当代中国文化的根基,是维系全世界华人的精神纽带,也是中国文化创新的宝藏。与中华优秀传统文化相结合,是中国特色社会主义的重要特征,是坚定文化自信的重要来源,是新时代中国继续取得成功的重要保证,也是中国广告产业前行路上的立足点和核心竞争力。

具体而言,在广告作品和活动的设计推广中,一方面,要尊重中国历史,讲清中国历史脉络、中国文化特点和中国人民情怀,在符合基本历史事实和人民普遍价值取向的基础上,巧妙用好人们耳熟能详的历史故事、历史人物、历史事件,设计制作便于理解、易于传播、符合品牌定位的广告产品;另一方面,要坚定文化自信,在广告作品中集中展示中华文明讲仁爱、重民本、守诚信、崇正义、尚和合、求大同的精神特征和发展形态,取其精华,巧用活用,重点表现中华优秀传统文化和中国审美旨趣,真正做到创造性转化、创新性发展。同时,要避免为了博眼球、追流量而故意好人坏讲、正话反说,丑化污蔑优秀历史人物,美化抬高反面典型和历史罪人,造成负面舆论。

(三)彰显中国精神,以弘扬时代新风实现社会效益与经济效益相统一

当代中国精神包括以爱国主义为核心的民族精神和以改革创新为核心的时代精神,社会主义核心价值观是其集中体现。社会主义核心价值观既凝结着全体人民共同的价值追求,又蕴含着社会主义现代化

的价值目标，是凝聚人心、汇聚民力的强大精神力量。实践证明，正能量能够产生大流量，中国广告产业要讲导向，就是要在广告宣传中弘扬社会主义核心价值观，这是中国广告产业的时代责任和历史任务。

具体而言，在设计制作广告宣传品时，既要展现新时代中国富强、民主、文明、和谐，展现新时代中国社会自由、平等、公正、法治，展现新时代中国人民爱国、敬业、诚信、友善，对内对外树立中国正面形象，讲好中国正面故事；也要多展示各条战线、各个岗位上的新时代中国人，尤其是中国青年逐梦前行、奋勇争先的精气神，让普通人为自己代言，用现实生活中的向上精神丰富广告内涵、提升广告品位。既不能故意制造地域、民族、性别、收入、学历、生理、心理等人民内部矛盾，企图以对立显区别、以矛盾造声势、以个别人的恶趣味和错误认知搞歧视；更不能一味"以洋为尊""以洋为美""唯洋是从"，热衷于"去中国化""去主流化"，不加思考、不加转化、不加扬弃地将西方视角、话语、定式甚至歧视等套用在广告作品中，伤了品牌，更伤人心。

（四）联通中外市场，在国内国际双循环中做强做大

推动形成以国内大循环为主体、国内国际双循环相互促进的新发展格局，是重塑我国国际合作和竞争新优势的战略抉择。虽然"全球化"正经历巨大挑战，但和平与发展的时代主题未变，超大的市场规模和完整强大的生产体系，使我国不仅能够保持良好的发展势头，同时也将继续发挥世界经济发展重要引擎和主要消费市场作用，这为中国广告产业做大做强，立足国内、迈向世界提供了前所未有的发展条件和发展动力。

具体而言，中国广告产业应该做好以下几个方面：一是助力中国品牌国际化。随着从"中国制造"向"中国创造"的转变，我国商品的国际竞争硬实力越发强劲，与之相应的，通过广告树立世界消费者对中国商品的认可、信任、依赖和喜爱，既是我国商品提升软实力的重要方式，也是中国广告产业走向世界的升学考试。二是助力国际品牌本土化。强大的消费能力和巨大的增长潜力，使中国已成为各国广告主的重要市场和竞争舞台，但囿于文化差异或固有思维，时常会有广告主因不当广告引发负面舆情，如何做到既保持品牌调性，又适应中国市场特点，入乡随俗，是包括各国广告主在内的中国广告产业需要共同回答的课题。三是助力传统品牌现代化。中国千百年来形成了独特的商业文化，也出现了众多传承百年的"老字号"，随着文化自信的持续增强，国人对"洋品牌"追风式、标榜式消费更加理性，对能充分体现中国人精神特质和使用习惯的传统品牌更加热衷。用时代话语重燃"老字号"魅力，不仅有助于中华传统文化有效传承，更是体现中国广告产业从业者聪明才智的绝佳机会。四是助力现代品牌长期化。在中国共产党领导下，中国实现了世所罕见的经济快速发展奇迹和社会长期稳定奇迹，这为我国各类经营主体发展提供了良好的时代背景，各行各业涌现出大量新品牌，但与发达国家相比，我国中小型民营企业的存续时间偏短，这既不利于社会稳定，也不利于我国经济持续发力。中国广告产业应充分发挥连接生产与消费的自身特长，帮助新品牌有效匹配需求，也为自身更好发展打牢根基。

（五）构建中国话语，为世界广告产业发展贡献中国智慧

理论联系实际，是中国共产党的三大优良作风之一，也是中国共产党带领中国人民取得一个又一个胜利的重要原因。中国广告产业要

继续保持目前的良好发展态势，就需要将理论与实践相结合，用理论指导实践，用实践验证和发展理论，探索出符合中国广告产业自身发展规律的理论体系，打造出一套经得起检验、有广泛借鉴意义的中国方案，这是中国广告产业引领时代的必由之路。

具体而言，第一，要做到经典概念新诠释。广告研究中的大部分概念，如消费者、广告媒介、生产者、商品、受众等，包括"广告"本身，主要形成于工业革命后，适用于大规模生产和消费的现实场景，尤其适用于西方发达国家。随着世界社会经济条件的快速变化，以及经济全球化和世界多极化的加速演变，这些经典概念在广告研究中虽仍被广泛使用，但其内涵和指代都发生了或多或少，甚至颠覆性的变化，亟须进行定义更新，使之适应当今中国广告研究的实际需要。第二，要做到时代概念新创造。近年来，以互联网、大数据、云计算、人工智能、区块链等技术为代表的数字技术发展迅猛，推动新一轮科技革命和产业变革加速发展。广告产业在实践中大量吸收运用数字技术，自身也成为数字经济的重要组成部分，创造了不少新概念和新模式，但也存在为吸引眼球而生搬硬套、标新立异的情况，不仅引起了实践中的混乱，也不利于推动广告产业整体发展，因而，如何准确、及时、合理地用符合时代化的新话语来描述和阐释数字经济下中国广告产业出现的新变化、取得的新进展，值得业界和学界共同努力探索。第三，要做到理论研究新突破。理论源于实践，西方广告学理论建立在资本主义社会生产生活实践之上，虽在操作层面具有一定的普遍性，但其理论本源难以摆脱资本主义阶级性、剥削性和压迫性特点。中国广告理论的主要任务是描述基于中国社会的广告发展逻辑和生动实践，需要从理论原点凸显社会主义社会的人民性取向，反映追求人的全面发展的目标，体现正确学术导向，建立有中国特色、中国风格、中国气派的广告研究学科体系、学术体系、话语体系，为中国广告产业发展提供智力支持和科学指引，为世界广告产业发展贡献中国智慧和力量。